EL LIBRC
VEGANA ESENCIAL PARA LA
BARBACOA PARA
PRINCIPIANTES

100 RECETAS ECOLÓGICAS PARA ASAR, ASAR, AHUMAR, MARINAR Y COCINAR A FUEGO LENTO

TADEO LIZANA

TABLA DE CONTENIDO

INTRODUCCIÓN

Todo lo que realmente necesita saber sobre las verduras a la parrilla, además de combinarlas, es la temperatura y el tiempo de la parrilla.

Puedes asar casi cualquier verdura. ¡Al mismo tiempo, no puedes tirarlos todos y esperar lo mejor! Algunas verduras son más duras que otras, como las zanahorias y las papas. Este tipo de verdura debe sancocharse antes de asarse a la parrilla. Estas son las mejores verduras para asar:

A. Champiñones baby bella
B. Judías verdes
C. pimientos rojos y naranjas
D. Calabacín
E. Calabaza amarilla
F. cebolla roja

Puedes comer estas verduras a la parrilla directamente de la parrilla y tienen un sabor increíble. Aun mejor; ¡Mézclalos con una mezcla rápida de aceite de oliva y vinagre balsámico para realzar los sabores!

DESAYUNO, BRUNCH Y HUEVOS

1. Ensalada de tomate cherry y pan a la plancha

Tiempo total de preparación: 5 minutos

Tiempo total de cocción: 5 minutos

Rendimiento: 1 porción

Ingredientes

- 1 diente de ajo pequeño; picado 1

- ⅓taza de vinagre balsámico 75 mL

- 1½ cucharada de aceite de oliva 20 mL

- ¼ de cucharadita de Pimienta 1 mL

- Sal al gusto

- 2 cucharadas de cebollín fresco cortado en cubitos o cebollas verdes

- ⅓taza de albahaca fresca picada

- 6 gajos de pan francés o italiano

- 4 tazas de tomates cherry; reducido a la mitad

Direcciones

a) Combine el ajo, el vinagre, el aceite, la pimienta y la sal en un tazón pequeño. Agregue la albahaca y las cebolletas.

b) Asar o tostar el pan

c) Corta cada segmento en pedazos.

d) Combine el pan, los tomates cherry y el aderezo en un tazón para mezclar.

e) Si es necesario, pruebe y ajuste los condimentos.

2. Crepas veganas

Tiempo total de preparación: 10 minutos
Tiempo total de cocción: 5 minutos
10 crepas

Ingredientes

- 1 1/3 tazas de leche de soja natural o de vainilla
- 1 taza de harina para todo uso
- 1/3 taza de tofu firme, escurrido y desmenuzado
- 2 cucharadas de margarina vegana, derretida
- 2 cucharadas de azúcar
- 11/2 cucharaditas de extracto puro de vainilla
- 1/2 cucharadita de polvo de hornear
- 1/8 cucharadita de sal
- Canola u otro aceite neutro, para cocinar

Direcciones

a) Combina todos los ingredientes
b) excepto el aceite para freír) en una batidora hasta que quede suave.
c) Precaliente una plancha antiadherente o una sartén para crepes a fuego medio-alto.
d) Vierta 3 cucharadas de masa en el centro de la plancha e incline la sartén para esparcir la masa finamente.
e) Cocine hasta que estén doradas por ambos lados, volteando una vez.
f) Coloque la masa sobrante en una bandeja y continúe el proceso, engrasando la sartén según sea necesario.

3. huevos a la parrilla

Tiempo total de preparación: 2 minutos

Tiempo total de cocción: 18 minutos

Rendimiento: 6

Ingredientes

- 12 huevos

Direcciones

a) Precaliente una parrilla exterior a temperatura media-alta.

b) Rocíe una bandeja para muffins con aceite en aerosol y rompa un huevo en cada agujero.

c) Coloque en la parrilla y cocine por 2 minutos, o hasta alcanzar el punto de cocción deseado.

4. empanadas de patata a la parrilla

Tiempo total de preparación: 10 minutos

Tiempo total de cocción: 15 minutos

Rendimiento: 100 porciones

Ingrediente

- 1 taza de mantequilla

- 9 huevos

- 1 taza de leche

- 22 libras de papas, hervidas con agua con sal

- $4\frac{1}{2}$ taza de pan

- $1\frac{1}{2}$ cucharadita de pimienta negra

- 2 cucharadas de sal

Direcciones

a) Mezcle las papas en el plato de la batidora a baja velocidad durante 1 minuto o hasta que se rompan en pedazos más pequeños.

b) Agregue pimienta y mantequilla o margarina. Mezcle a velocidad alta durante 3 a 5 minutos, o hasta que esté completamente suave.

c) reconstituir la leche; calentar a fuego lento; mezcle con las papas a baja velocidad, luego agregue los huevos enteros que se han mezclado.

d) Forme empanadas y páselas por pan rallado.

e) Ase a la parrilla 3 minutos por lado en una plancha ligeramente engrasada o hasta que estén doradas.

5. Porcini a la parrilla con yemas de huevo

Tiempo total: 30 minutos

Rendimiento: 4 porciones

Ingrediente

- 2 libras de boletus frescos
- 3 cucharadas de aceite de oliva virgen extra plus
- 2 cucharadas
- 4 huevos, jumbo

Direcciones

a) Cortar los champiñones en rodajas y sazonar con sal y pimienta.

b) Coloque los champiñones en la parrilla y cocine por 2 minutos por lado.

c) Mientras tanto, caliente el aceite restante en una sartén antiadherente hasta que comience a humear.

d) Rompa los huevos en la sartén y cocine hasta que las claras se hayan endurecido.

e) Retire la sartén del fuego y deje reposar durante 3 minutos. Coloque los champiñones en un plato para servir.

f) Cortar las claras de los huevos y disponer con cuidado las yemas encima de los champiñones, servir inmediatamente.

6. pan de maíz a la parrilla

Tiempo total de preparación: 15 minutos

Tiempo total de cocción: 40 minutos

Rendimiento: 8 rebanadas

Ingredientes

- 1 taza de harina de maíz
- 1 taza de harina
- 2 cucharaditas de polvo de hornear
- 3/4 cucharaditas de sal
- 1 taza de leche
- 1/4 taza de aceite vegetal

Direcciones

a) Mezclar los ingredientes secos. Mezcle la leche y el aceite vegetal.

b) Verter en una plancha engrasada.

c) Cocine hasta que el centro esté firme.

7. Manzanas Asadas Rellenas De Granola A La Parrilla

Tiempo total de preparación: 15 min
Tiempo total de cocción: 45 min
Rendimiento: 4 porciones

Ingredientes

- $1/2$ taza de granola vegana, casera
- 2 cucharadas de mantequilla de maní cremosa o mantequilla de almendras
- 1 cucharada de margarina vegana
- 1 cucharada de jarabe de arce puro
- $1/2$ cucharadita de canela molida
- Granny Smith u otras manzanas firmes para hornear
- 1 taza de jugo de manzana

Direcciones

a) Precaliente la parrilla a 350 grados Fahrenheit.
b) Ponga a un lado una sartén que haya sido engrasada.
c) Combine la granola, la mantequilla de maní, la margarina, el jarabe de arce y la canela en un tazón mediano.
d) Corta las manzanas por la mitad y rellena los huecos con la mezcla de granola, empacando con cuidado.
e) Invierta las manzanas en la bandeja Ready. Vierta el jugo de manzana sobre las manzanas y cocine a la parrilla durante 1 hora o hasta que estén blandas. Servir caliente.

8. Aguacate a la parrilla y huevos

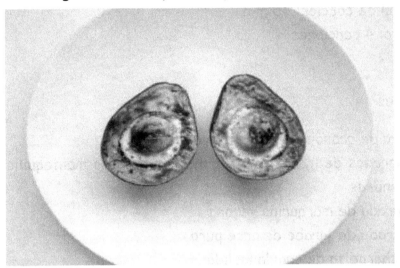

Tiempo total de preparación: 5 minutos

Tiempo total de cocción: 12 minutos

Rendimiento: 4

Ingredientes

- 2 aguacates, maduros

- 2 cucharaditas de aceite de oliva

- 4 huevos

- 1 cucharadita de sal

- 1 pizca de pimienta molida fresca

- Perejil, para decorar

Direcciones

a) Precaliente la parrilla durante 10 minutos a fuego medio-alto.

b) Corta cada aguacate a lo largo por la mitad. Saca el hoyo.

c) Cepille cada aguacate con aceite de oliva y colóquelo en la parrilla boca abajo. Cubrir.

d) Después de aproximadamente diez minutos, los aguacates deberían tener excelentes líneas de parrilla.

e) Cuando los aguacates estén tiernos y asados, colócalos en una bandeja de aluminio.

f) Rompe un huevo en un tazón pequeño o una taza, levanta la yema con una cuchara y colócala en el centro de cada aguacate.

g) Coloque la bandeja de aluminio en la parrilla.

h) Cocine por 12 minutos, o hasta que la yema esté lista y cocida a su gusto. Colócalas en un plato con una espátula y decora con perejil.

9. huevos ahumados

Tiempo total de preparación: 15 minutos

Tiempo total de cocción: 1 hora 30 minutos

TIEMPO DE ENFRIAMIENTO: 15 minutos

Rendimiento: 12 huevos

Ingredientes

- 12 huevos

Direcciones

a) Precaliente el ahumador a 325 grados Fahrenheit.

b) Cocine los huevos directamente sobre las rejillas de la parrilla durante 30 minutos con la tapa cerrada.

c) Retire los huevos cocidos y colóquelos en un baño de hielo de inmediato. Enfriar completamente y luego pelar.

d) Reduzca el calor de su ahumador a 175 grados F.

e) Ahúmalo durante al menos 30 minutos o hasta una hora para obtener un sabor ahumado más fuerte.

f) Sirva los huevos solos, con especias para barbacoa o como huevos rellenos ahumados.

10. Huevo en Pan

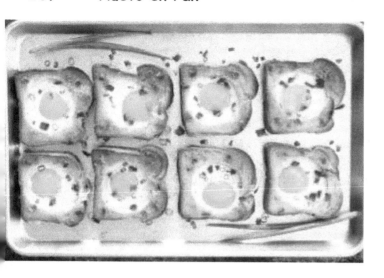

Tiempo total de preparación: 1 min

Tiempo total de cocción: 4 minutos

Rendimiento: 1

Ingredientes

- 1 rebanada de pan, por persona
- 1 cucharada de aceite o mantequilla
- 1 huevo, por persona

Direcciones

a) Corta un agujero en el centro del pan con un cortador de galletas, un vaso o un cortador de galletas.

b) Engrase una placa o plancha para barbacoa y caliéntela a temperatura media. En la placa caliente, coloque el pan.

c) En el agujero, rompa el huevo.

d) Cocine por 3 minutos, o hasta que el huevo esté duro en el fondo.

e) Para terminar de cocinar, voltea el pan con el huevo al otro lado, por 2 minutos.

f) Servir.

11. Wrap de desayuno de fontina y verduras a la plancha

Tiempo total de preparación: 8 minutos

Tiempo total de cocción: 13 minutos

Rendimiento: 2 porciones

Ingrediente

- $\frac{1}{2}$ taza de mayonesa
- $\frac{1}{4}$ taza de hojas de albahaca picadas
- Zumo de 1 lima
- 1 calabacín
- 1 rojo; pimiento amarillo o naranja, cortado en cuartos
- 2 rodajas de cebolla roja
- Aceite de oliva
- Sal y pimienta
- 2 tazas de lechuga romana rallada
- $\frac{1}{2}$ libra de queso fontina; rallado
- 2 tortillas de harina grandes

Direcciones

a) En un tazón pequeño, mezcle la mayonesa, la albahaca y el jugo de lima.

b) Aplicar aceite de oliva a las verduras. Sazone con sal y pimienta al gusto.

c) En una parrilla medianamente caliente, coloque las verduras.

d) Cocine durante 2 a 3 minutos adicionales por lado, o hasta que vea las marcas de la parrilla.

e) Extienda la mezcla de mayonesa sobre las tortillas de harina.

f) Coloque la lechuga en una tortilla, luego cubra con queso y verduras asadas.

g) Enróllalo y disfruta.

12. Quiche de verduras a la plancha

Tiempo total de preparación: 1 hora

Tiempo total de cocción: 1 a 2 horas

Rendimiento: 6 porciones

Ingrediente

- 1 masa de pastel lista

- 3 huevos

- 1 taza de crema ligera

- $\frac{1}{2}$ taza de crema espesa

- $\frac{1}{2}$ cucharadita de sal

- $\frac{1}{2}$ cucharadita de Pimienta

- $\frac{1}{4}$ de cucharadita de pimienta de cayena

- $\frac{1}{4}$ cucharadita de nuez moscada

- 6 onzas de queso gruyere; rallado

- $1\frac{1}{2}$ taza de verduras asadas

Direcciones

1) Espolvorea 4 onzas de queso y verduras asadas en el fondo de la masa sin hornear y colócala en una bandeja para hornear con los lados.

2) Batir los ingredientes restantes excepto el queso.

c) Verter sobre las verduras y el queso y espolvorear con el resto del queso.

d) Colóquelo en la parrilla, ligeramente alejado del fuego directo.

e) Ase a la parrilla durante 35 a 45 minutos o hasta que el quiche esté hinchado y dorado.

13. Sándwich de desayuno de verduras y focaccia a la parrilla

Tiempo total de preparación: 10 minutos

Tiempo total de cocción: 10 minutos

Rendimiento: 1 porción

Ingrediente

- Pan Focaccia
- 1 berenjena mediana, cortada a lo largo
- 2 pimientos rojos, en cuartos
- 2 cucharadas de aceite de oliva
- rúcula fresca o hojas de ensalada baby
- mayonesa de huevo entero
- parmesano y albahaca para decorar

Direcciones

a) Sazone las berenjenas con sal; escurrir en un colador durante media hora, luego enjuagar y secar.

b) Retire las semillas de los pimientos rojos y córtelos en cuartos.

c) Pincelar las verduras con aceite de oliva antes de colocarlas en la sandwichera y cerrarla. Cocine hasta que las verduras estén apenas tiernas.

d) Cubra su sándwich con rúcula fresca o hojas de ensalada tierna, verduras a la parrilla y mayonesa de huevo entero con sabor a albahaca fresca y ajo en la parrilla del sándwich.

e) Rallar un poco de queso parmesano por encima.

14. Patatas De Desayuno A La Parrilla

Tiempo total de preparación: 5 minutos

Tiempo total de cocción: 40 minutos

Rendimiento: 4 porciones

Ingredientes

- 5 tazas de papas rojas o doradas Yukon picadas
- 1 cebolla amarilla
- 2 cucharaditas de ajo picado
- 1 cucharadita de ajo en polvo
- 1 cucharadita de sal marina
- $\frac{3}{4}$ cucharadita de condimento de bahía vieja
- 1 pimiento rojo
- 3 cucharadas de aceite de oliva
- 1 cucharadita de pimentón
- Pizca de pimienta negra

Direcciones

a) Precaliente el horno a 400 grados Fahrenheit.

b) Pica las papas, la cebolla y el pimiento en trozos pequeños y agrégalos a un tazón grande.

c) Mezcle con el aceite de oliva y el ajo picado hasta que todo esté bien cubierto.

d) Agregue las especias, la sal y la pimienta negra y mezcle hasta que estén bien incorporados.

e) Agregue a una fuente para hornear o sartén de hierro fundido y hornee por 30 minutos. ¡No deberías necesitar engrasar la fuente para hornear ya que las papas están todas engrasadas!

f) Después de 30 minutos, suba el fuego a 425 Fahrenheit y hornee de 15 a 20 minutos adicionales para ayudar a dorar las papas y asegurarse de que el centro esté completamente cocido y suave. Sabrás que están listos cuando se puedan perforar fácilmente con un tenedor. Si nota que la parte superior se dora demasiado antes de que el centro esté completamente cocido, cúbralo con papel aluminio. El tiempo de horneado variará dependiendo de cuán grandes o pequeñas hayas picado las papas, ¡así que vigílalas!

g) ¡Sirva con ketchup, sal adicional, pimienta, ensalada o cualquier otra comida de brunch!

ENTRADAS, SNACKS Y APERITIVOS

15. Brochetas de pimientos de calabacín a la plancha

Tiempo total de preparación: 15 minutos

Tiempo total de cocción: 15 minutos

Rendimiento: 1 porción

Ingrediente

- 1 pimiento rojo grande, sin semillas y picado
- 1 pimiento morrón grande, sin semillas y picado
- 1 cebolla dulce, cortada en gajos
- 2 calabacines, en gajos gruesos
- 2 cucharadas de aceite de oliva
- 2 dientes de ajo, pelados y triturados

Direcciones

a) Retire las semillas y pique los pimientos en trozos, luego combínelos con los gajos de cebolla dulce y los calabacines en un plato para servir.

b) Agregue el aceite de oliva y el ajo machacado y revuelva para combinar.

c) Ensarte los ingredientes en brochetas y cocine durante 10-15 minutos en la parrilla, o hasta que las verduras estén blandas.

16.   Jardín en un pincho

Tiempo total de preparación: 10 minutos

Tiempo total de cocción: 10 minutos

Rendimiento: 6 porciones

Ingrediente

- 1 mazorca de maíz grande; cáscara Retirada, cortada en trozos de 2 pulgadas

- 12 tapas de champiñones grandes

- 1 pimiento rojo moderado; cortar en trozos de 1 pulgada

- 1 calabacín pequeño; sin pelar, cortado en trozos de 2 pulgadas

- 12 tomates cherry

salsa para rociar

- $\frac{1}{2}$ taza de jugo de limón

- 2 cucharadas de vino blanco seco

- 1 cucharada de aceite de oliva

- 1 cucharadita de comino

- 2 cucharaditas de cebollín fresco

- 1 cucharadita de perejil fresco

- Pimienta fresca molida; probar

Direcciones

a) Precaliente la parrilla afuera y coloque una rejilla engrasada 6 pulgadas por encima de la fuente de calor. Ajuste el fuego en una parrilla de gas a medio.

b) Remoje 6 brochetas de madera en agua tibia durante 15 minutos si las usa. Esto evita que las brochetas se incendien en las brochetas mientras se cocinan.

c) Coloque las verduras en brochetas.

d) Para hacer la salsa para rociar, combine los ingredientes para rociar.

e) Asa las brochetas de verduras durante 15 a 20 minutos en total, rociándolas a menudo con la salsa hasta que estén ligeramente carbonizadas.

17.   brochetas de halloumi

Tiempo Total: 45 Minutos

Rendimiento: 1 porción

Ingrediente

- 250 gramos Halloumi segmentado en trozos pequeños
- 500 gramos Pequeño; papas nuevas; hervido
- Sal y pimienta
- Aceite de oliva
- Brochetas de barbacoa
- 2 cucharadas de aceite de oliva
- 4 cucharadas de vinagre de vino blanco
- Limón rallado
- unas aceitunas verdes; picado muy fino
- Pizca de cilantro molido
- hojas de cilantro fresco; rasgado
- 1 diente de ajo; aplastada
- 1 cucharada de mostaza integral
- Sal y pimienta
- 50 gramos de ensalada de hierbas frescas

Direcciones

a) Ensartar alternativamente trozos de Halloumi y patata en las brochetas.

b) Rocíe con aceite de oliva y sazone con sal y pimienta.

c) Barbacoa a la parrilla hasta que los kebabs estén bien cocidos.

d) Mientras tanto, combine todos los ingredientes del aderezo en un frasco.

e) Coloque los kebabs encima de una ensalada de hierbas frescas y rocíe con el aderezo.

18.   Brocheta de papas rojas

Tiempo total de preparación: 20 minutos

Tiempo total de cocción: 20 minutos

Rendimiento: 6 porciones

Ingrediente

- 2 libras de papas rojas
- $\frac{1}{2}$ taza de agua
- $\frac{1}{2}$ taza de mayonesa
- $\frac{1}{4}$ taza de caldo
- 2 cucharaditas de orégano seco
- $\frac{1}{2}$ cucharadita de ajo en polvo
- $\frac{1}{2}$ cucharadita de cebolla en polvo

Direcciones

a) Coloque las papas en un plato apto para microondas.

b) Cubra y cocine en el microondas durante 12-14 minutos a temperatura alta.

c) En un tazón, combine los ingredientes restantes; agregue las papas y refrigere por 1 hora.

d) Escurrir la marinada.

e) Brocheta de papas en brochetas de metal o brochetas de bambú empapadas en agua.

f) Cocine durante 4 minutos a fuego moderado, sin tapar, luego voltee, cepille con la marinada restante y cocine a la parrilla durante otros 4 minutos.

19. Brochetas de verduras a la plancha con salsa mopa

Tiempo total de preparación: 15 minutos

Tiempo total de cocción: 15 minutos

Rendimiento: 4 porciones

Ingredientes
salsa de fregona
- 1/2 taza de café negro fuerte

- 1/4 taza de salsa de soya

- 1/2 taza de salsa de tomate

- 2 cucharadas de aceite de oliva

- 1 cucharadita de salsa picante

- 1 cucharadita de azúcar

- 1/4 cucharadita de sal

- 1/4 cucharadita de pimienta negra recién molida

Verduras
- 1 pimiento rojo o amarillo grande, cortado en trozos de 11/2 pulgada

- 2 calabacines pequeños, cortados en trozos de 1 pulgada

- 8 onzas de champiñones blancos pequeños y frescos, ligeramente enjuagados y secados

- 6 chalotes medianos, cortados por la mitad a lo largo

- 12 tomates cherry maduros

Direcciones

a) Combine el café, la salsa de soya, el ketchup, el aceite, la salsa picante, el azúcar, la sal y la pimienta negra en una cacerola pequeña. Cocine por 20 minutos a fuego lento.

b) Coloque el pimiento, el calabacín, los champiñones, los chalotes y los tomates cherry en brochetas en una fuente para hornear poco profunda.

c) Vierta la mitad de la salsa mop sobre las verduras ensartadas y deje marinar durante 20 minutos a temperatura ambiente.

d) Coloque las brochetas directamente sobre la fuente de calor en la parrilla.

e) Ase a la parrilla hasta que las verduras estén doradas y tiernas, 10 minutos en total, volteando una vez a la mitad.

f) Transfiera a un plato y rocíe la salsa restante sobre todo. Sirva de inmediato.

20. Brochetas de verduras a la parrilla

Tiempo total de preparación: 20 minutos

Tiempo total de cocción: 20 minutos

Rendimiento: 4 porciones

Ingredientes

- 1 taza de perejil fresco cortado en cubitos gruesos
- 1 taza de cilantro fresco cortado en cubitos gruesos
- 3 dientes de ajo, machacados
- 1/2 cucharadita de cilantro molido
- 1/2 cucharadita de comino molido
- 1/2 cucharadita de pimentón dulce
- 1/2 cucharadita de sal
- 1/4 cucharadita de cayena molida
- 3 cucharadas de jugo de limón fresco
- 1/3 taza de aceite de oliva
- 1 pimiento rojo moderado, cortado a lo largo en cuadrados de 11/2 pulgada
- 1 berenjena pequeña, cortada en trozos de 1 pulgada
- 1 calabacín moderado, cortado en trozos de 1 pulgada
- 12 champiñones blancos, ligeramente enjuagados y secados
- 12 tomates cherry maduros

Direcciones

a) Combine el perejil, el cilantro y el ajo en una batidora o procesador de alimentos y procese hasta que estén finamente picados.

b) Combine el cilantro, el comino, el pimentón, la sal, la pimienta de cayena, el jugo de limón y el aceite en un tazón. Procese hasta que esté completamente suave. Mover a un tazón pequeño.

c) Precalentar la parrilla.

d) Usando brochetas, ensarte el pimiento, la berenjena, el calabacín y los champiñones.

e) Se debe verter la mitad de la salsa chermoula sobre las verduras ensartadas y dejar marinar durante 20 minutos a temperatura ambiente.

f) Coloque las verduras ensartadas directamente sobre la fuente de calor en la parrilla caliente.

g) Ase a la parrilla hasta que las verduras estén doradas y tiernas, 10 minutos en total, volteando una vez a la mitad.

h) Transfiera a un plato y rocíe la salsa restante sobre todo. Sirva de inmediato.

21.   Cuadritos de polenta a la parrilla

Tiempo total de preparación: 15 min

Tiempo total de cocción: 15 min

Rendimiento: 8 porciones

Ingrediente

- 2 cucharadas de aceite de oliva virgen extra
- $\frac{1}{2}$ cebolla morada tamaño moderado; picado muy fino
- 2 dientes de ajo; picado muy fino
- 2 tazas de caldo; preferiblemente casero
- 2 tazas de agua
- 1 cucharadita de sal marina gruesa
- 1 taza de polenta o harina de maíz amarilla molida gruesa
- $\frac{1}{4}$ de cucharadita de Pimienta Negra; Recién molida
- ⅓taza de queso Cotija; recién rallado
- 2 cucharadas de mantequilla sin sal
- Aceite de oliva; para cepillar

Direcciones

a) Caliente el aceite de oliva en una cacerola grande y pesada a fuego lento. Dore la cebolla durante unos 3 minutos y luego agregue el ajo.

b) Hierva el caldo, el agua y la sal a fuego alto, revolviendo ocasionalmente.

c) Reduzca el fuego a bajo y, después de que el líquido hierva a fuego lento, rocíe lentamente la polenta en un chorro fino, revolviendo continuamente.

d) Reduzca el fuego a un nivel muy bajo. Cambie a una paleta de madera y revuelva vigorosamente cada 1 o 2 minutos durante 25 a 30 minutos, o hasta que los granos de polenta se hayan ablandado y la mezcla se despegue de los bordes de la sartén. Agregue la pimienta negra, la cotija y la mantequilla y mezcle bien.

e) Con agua, enjuague y seque una asadera de 8 x 12 pulgadas. Amontone la polenta en la sartén y extiéndala uniformemente en la sartén con una espátula de goma mojada en agua muy caliente.

f) Deje reposar durante 1 hora a temperatura ambiente o hasta 24 horas en el refrigerador, cubierto con un paño de cocina.

g) Aplique aceite a la sartén de la parrilla. Unte la polenta con aceite de oliva y córtela en 8 cuadrados iguales.

h) Transfiera los cuadrados a la asadera y cocine durante 8 minutos por cada lado o hasta que estén dorados.

22.   Crujiente de bocadillos de barbacoa

Tiempo total de preparación: 10 minutos

Tiempo total de cocción: 45 minutos

Rendimiento: 18 porciones

Ingrediente

- 3 cucharadas de margarina o mantequilla; Derretido
- $\frac{1}{4}$ taza de salsa barbacoa
- $\frac{3}{4}$ cucharadita de sal de ajo
- $\frac{1}{4}$ de cucharadita de condimento para barbacoa
- 7 tazas de Cereal de Avena Quaker¨
- 1 taza de palitos de pretzel
- 1 taza de maní seco a la parrilla

Direcciones

a) Precaliente la parrilla a 250 grados Fahrenheit.

b) Coloque el cereal, los pretzels y las almendras en un molde para gelatina de 15 x 10 pulgadas.

c) Derrita la margarina en una cacerola pequeña a fuego lento. Agregue la salsa de barbacoa, la sal de ajo y el condimento para barbacoa de 3 a 5 minutos, o hasta que espese un poco.

d) Vierta la salsa barbacoa uniformemente sobre el cereal. Revuelva para cubrir todo uniformemente.

e) Ase a la parrilla durante 1 hora, revolviendo cada 20 minutos.

23.   Galletas de aperitivo de queso

Tiempo total de preparación: 10 minutos

Tiempo total de cocción: 14 minutos

Rendimiento: 1 porción

Ingrediente

- 1 taza de queso cheddar fuerte.

- ½ taza de mayonesa o mantequilla ablandada

- 1 taza de harina para todo uso

- ½ cucharadita de sal

- 1 pizca de pimiento rojo molido

Direcciones

a) Llena la taza medidora hasta la mitad con harina.

b) Combine el queso, la margarina, la harina, la sal y el pimiento rojo en un plato mediano.

c) Refrigera por 1 hora.

d) Haga bolas de 1 pulgada con la masa.

e) En una plancha sin engrasar, coloque las bolas a 2 pulgadas de distancia.

f) Aplanar con un tenedor.

g) Ase a la parrilla durante 10 a 12 minutos y sirva de inmediato.

24.   Papas fritas de bagel

Tiempo total de preparación: 20 minutos

Tiempo total de cocción: 5 minutos

Rendimiento: 6 porciones

Ingrediente

- 6 panecillos simples
- 6 cucharadas de mantequilla; suavizado
- 3 cucharaditas de ajo picado

Direcciones

a) Coloque el panecillo plano sobre una tabla de cortar para segmentar.

b) Corta el bagel por la mitad verticalmente con un cuchillo de sierra. Coloque las mitades con el lado cortado hacia abajo sobre una tabla para cortar. Corte las mitades en segmentos delgados de 14 pulgadas de grosor.

c) Colocar en una parrilla.

d) Combine la mantequilla y el ajo en un plato pequeño y extiéndalos sobre los segmentos de bagel.

e) Ase a la parrilla hasta que la parte superior de los segmentos esté ligeramente dorada. Dejar enfriar sobre una rejilla.

25.   Mezcla para munch de barbacoa

Tiempo total de preparación: 20 min

Tiempo total de cocción: 1 hora

Rendimiento: 7 porciones

Ingrediente

- 1 taza de Cheerios

- 1 taza de trigo triturado del tamaño de una cuchara

- 1 taza de Corn Chex o salvado de maíz

- 1 taza de pretzels

- $\frac{1}{2}$ taza de maní asado en seco

- $\frac{1}{2}$ taza de semillas de girasol

- 1 cucharada de mantequilla o margarina

- 1 cucharada de salsa Worcestershire

- 1 cucharadita de chile en polvo

- 1 cucharadita de orégano molido

- 1 cucharadita de pimentón

- 1 cucharadita de salsa Tabasco; o al gusto

- $\frac{1}{2}$ taza de granos de maíz o nuggets de maíz

- 1 taza de palitos de sésamo bajos en grasa

Direcciones

1) Precaliente la parrilla a 350 grados.

b) En un tazón grande, combine los cereales, los pretzels, las almendras y las semillas.

c) En un plato pequeño, combine la mantequilla, Worcestershire, chile en polvo, orégano, paprika y Tabasco. Vierta la salsa sobre la mezcla de cereal y revuelva bien.

d) Extender sobre una plancha y cocinar durante 15 minutos, revolviendo dos veces. Deje enfriar.

e) Combina con los granos de elote y los palitos de ajonjolí y sirve.

26.   Tuercas de barbacoa

Tiempo total de preparación: 5 minutos

Tiempo total de cocción: 25 minutos

Rendimiento: 8

Ingrediente

- 1 libra de almendras crudas

- 1 libra de avellanas crudas

- 3 cucharadas de tamari

- 1 cucharada de chipotles molidos

- 1 cucharadita de sal

Direcciones

a) Sazone las nueces con sal y especias de chipotle.

b) Pam la bandeja para hornear y coloque las nueces en una sola capa.

c) Ahúme durante 30 minutos a 300 grados, revolviendo cada 15 minutos.

d) Dejar enfriar por completo para lograr una textura crujiente.

27.   S'mores a la parrilla

Tiempo total de preparación: 10 min.

Tiempo total de cocción: 10 minutos

Rendimiento: 4 porciones

Ingredientes

- Un puñado de galletas Graham

- Un puñado de barras de chocolate con leche o chocolate amargo

- Un puñado de M y M

- Un puñado de tazas de mantequilla de maní

- chocolate puñado

- malvaviscos puñado

Direcciones

a) Precalienta la parrilla a temperatura media.

b) En una superficie plana, coloque un trozo de papel de aluminio de 10" por 12".

c) Desmenuza una galleta Graham y colócala sobre el papel aluminio.

d) Coloque su dulce elegido en la galleta Graham, luego cubra con los malvaviscos de su elección.

e) Envuélvalo ligeramente en papel de aluminio y cubra con las migas de galleta Graham restantes.

f) Caliente durante 2 a 3 minutos en la parrilla, o hasta que el malvavisco se haya derretido.

28.   S'mores de pimienta a la parrilla

Tiempo total de preparación2 minutos

Tiempo total de cocción3 minutos

Rendimiento: 6 porciones

Ingrediente

- 6 pimientos asados enteros; pelado
- $\frac{1}{2}$ libra de mozzarella fresca
- 1 manojo de romero
- Sal gruesa; probar
- Pimienta negra recién molida; probar
- 3 cucharaditas de aceite de oliva

Direcciones

a) Colocar un trozo de queso en cada pimiento.

b) Agregue una pequeña ramita de romero, sal, pimienta y 1/2 cucharadita de aceite de oliva para terminar. Cierra la parte superior de cada pimiento con la parte picada.

c) Precaliente la parrilla a fuego medio-alto.

d) Coloque los pimientos en la parrilla y cocine durante 2 minutos por lado, girando con pinzas hasta que el queso se haya derretido. Retire del fuego y coloque en un plato para servir.

e) Rocíe con aceite de oliva, sazone con sal y pimienta y cubra con una ramita de romero. Sirva de inmediato.

29.   Rodajas de queso y tomate grillado

Tiempo Total: 30 Minutos

Rendimiento: 4 porciones

Ingrediente

- 4 segmentos Pan, blanco
- 1 tomate grande, limpio y troceado
- 4 segmentos redondos de queso de cabra 2 onzas cada uno

Vendaje

- 2 cucharadas de aceite de oliva
- 2 cucharaditas de jugo de limón
- 1 cucharadita de Vinagre, Balsámico
- Sal y pimienta molida fresca
- Selección de hojas de ensalada

Direcciones

a) Precalentar la parrilla.

b) Corta cuatro rondas de los segmentos de pan con un cortador de metal redondo de 3 pulgadas, luego tuesta en un horno moderado durante 1-2 minutos o hasta que estén doradas.

c) Cubra las tostadas con las rodajas de tomate y queso de cabra y caliente durante 4-5 minutos más, hasta que estén doradas.

d) Combine los ingredientes del aderezo, luego coloque las rondas de queso de cabra a la parrilla sobre una cama de hojas de lechuga en platos para servir.

e) Espolvorea el aderezo por encima y sirve de inmediato.

30. Segmentos de queso azul a la parrilla

Tiempo total: 30 minutos

Rendimiento: 8 Segmentos

Ingrediente
- $\frac{1}{4}$ taza de margarina o mantequilla ablandada
- $\frac{1}{4}$ taza de queso azul desmenuzado
- 2 cucharadas de queso parmesano rallado
- $\frac{1}{2}$ Hogaza de Pan Francés,cortar horizontalmente

Direcciones

a) Combine la margarina y los quesos.

b) Extienda la mezcla de queso en un lado rebanado.

c) Envuélvalo bien en papel de aluminio.

d) Ase el pan durante 6 minutos, girando una vez, a una distancia de 5 a 6 pulgadas de las brasas moderadas.

.

31. Bruschettas de queso a la parrilla

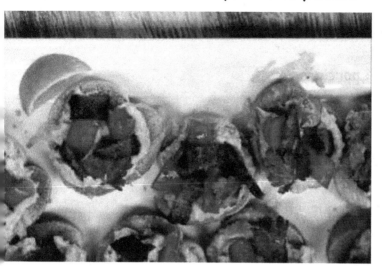

Tiempo total de preparación: 15 minutos

Tiempo total de cocción: 15 minutos

Rendimiento: 4 porciones

Ingrediente

- 8 rebanadas gruesas de pan
- $\frac{1}{4}$ taza de aceite de oliva
- 5 dientes de ajo machacados
- 1 taza de queso Monterrey Jack
- 8 onzas de queso de cabra suave
- 2 cucharadas de pimienta negra
- 2 cucharadas de orégano

Direcciones

a) Cepille el aceite de ajo en cada sección de pan.

b) Ase a la parrilla hasta que estén ligeramente doradas, con el lado del aceite hacia abajo.

c) Cubra cada sección con 2 cucharadas de Monterey Jack, 1 onza de queso de cabra, pimienta negra y orégano antes de servir.

d) Ase a la parrilla hasta que el queso comience a derretirse.

VERDURAS SIMPLES

32. Shiitake con whisky y adobo de miso

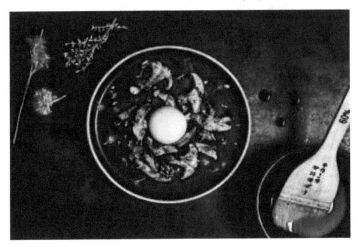

Tiempo total de preparación: 10 minutos

Tiempo total de cocción: 3 minutos

Rendimiento: 6

Ingredientes

- 600 g de shiitake

- Marinada de whisky y miso

- 4 cucharadas de whisky

- 4 cucharadas de aceite de canola

- 2 cucharadas de miso oscuro

- 2 cucharadas de tamari

- jugo de ½ lima

- 1 cucharada de azúcar de caña

- 1 diente de ajo

- 1 cucharadita de aceite de sésamo

Servir

- 6 yemas de huevo

- escamas de sal marina

Direcciones

1) Usando un procesador de alimentos, combine todos los ingredientes de la marinada.

b) Limpiar y cortar los champiñones en rodajas gruesas. Pincélalos con la marinada y colócalos en una hoja de papel para hornear.

c) Precalentar la parrilla.

d) Ase los champiñones, volteándolos y cubriéndolos con adobo adicional según sea necesario. Los champiñones estarán listos cuando adquieran un hermoso color marrón dorado caramelizado.

e) Coloca los champiñones en un plato. En el centro del plato, coloque una yema de huevo y adorne con tomillo, escamas de sal marina y pétalos de aciano.

33.   Berenjenas Marinadas En Cerveza Con Shiitake

Tiempo total de preparación: 10 minutos

Tiempo total de cocción: 25 minutos

Rendimiento: 6

Ingredientes

Berenjenas marinadas en cerveza

- 3 berenjenas grandes
- 330 ml de cerveza
- 2 dientes de ajo, ligeramente machacados
- 2 cucharadas de vinagre de malta
- 2 cucharaditas de sal

Salsa de tomate

- 6 tomates grandes
- 2 cucharadas de aceite de oliva
- 2 cebollas amarillas pequeñas, finamente picadas
- 1 cucharada de puré de tomate
- 1 cucharada de vinagre de vino blanco
- 1 cucharada de espino amarillo en polvo
- 100 ml de caldo de champiñones
- Shiitake salteado en mantequilla
- 2 cucharadas de aceite de canola

- 300 g de shiitake

- 2 cucharadas de mantequilla sin sal

- 1 cucharada de whisky

- sal

Servir

- 2–3 ramitas de cilantro

Direcciones

a) En una bolsa de plástico, combine los ingredientes marinados, luego agregue las rodajas de berenjena.

b) Refrigere durante 7–8 horas.

c) Cortar por la mitad y rallar finamente los tomates en un bol.

d) En una sartén mediana, caliente el aceite de oliva y dore suavemente las cebollas.

e) Sube un poco la temperatura después de añadir el puré de tomate.

f) Vierta el vinagre, el polvo de espino amarillo, el caldo de champiñones y los tomates rallados. Reduzca el fuego a bajo, sazone con sal al gusto y cocine durante 20-30 minutos.

g) Retire las rodajas de berenjena marinadas y cocine a la parrilla hasta que tengan una costra y un color intenso.

h) En una sartén, caliente el aceite de canola hasta que empiece a humear. Agregue los champiñones y cocine hasta que comiencen a dorarse. Reduzca el fuego a bajo y agregue la mantequilla.

i) Servir en una fuente o en un bol. Vierta un poco de salsa de tomate encima de las rodajas de berenjena, luego cubra con los champiñones y el cilantro.

34. Espárragos a la Plancha con Burrata, Yema de Huevo y Salsa de Kumquat

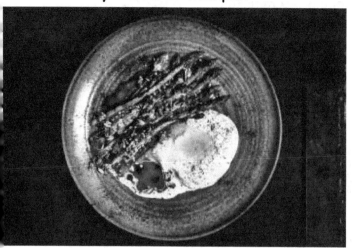

Tiempo total de preparación: 10 minutos

Tiempo total de cocción: 5 minutos

Rendimiento: 6

Ingredientes

- 1 kg de espárragos
- 2 cucharadas de aceite de canola
- Salsa de kumquat
- 12 kumquats, en rodajas
- 2 cucharadas de cúrcuma rallada
- 1 vaina de vainilla partida a lo largo
- anís de 3 estrellas
- 100 ml de miel
- 300 ml de agua

Servir

- 6 bolas de burrata
- 6 yemas de huevo
- 6 cucharadas de trigo sarraceno tostado
- 6 cucharaditas de ceniza de puerro

Direcciones

a) En una cacerola a fuego alto, hierva todos los ingredientes durante 10 minutos.

b) Usando un colador, cuele la salsa en un tazón.

c) Combine los espárragos cortados con el aceite de canola en un tazón.

d) Coloca los espárragos en la parrilla. Enróllalas de un lado a otro durante 5 minutos, con cuidado de no quemarlas. Una vez que se hayan ennegrecido un poco, sácalos de la parrilla.

e) Rompe una bola de burrata por la mitad con las manos. Colócala en una bandeja y déjala a un lado para que escurra la nata. Coloque una pila de espárragos al lado, cubra con la yema de huevo, luego córtelos en la burrata hasta que la yema fluya.

f) Rocíe 3-4 cucharadas de salsa de kumquat encima.

35.   Salmuera oriental con verduras a la plancha

Tiempo total de preparación: 10 minutos

Tiempo total de cocción: 2 horas

Rendimiento: 2 1/2 tazas

Ingrediente

- 6 dientes de ajo; picado
- 2 cucharadas de jengibre; picado
- 2 limas
- $\frac{1}{2}$ taza de hojas de menta; cortado en cubitos
- $\frac{1}{2}$ taza de cilantro; cortado en cubitos
- $\frac{1}{2}$ taza de albahaca; cortado en cubitos
- 3 cebollas verdes; picado
- 8 chiles serranos; picado
- $\frac{1}{2}$ taza de aceite de oliva
- $\frac{1}{2}$ taza de Jerez; seco
- $\frac{1}{4}$ taza de salsa de ostras
- $\frac{1}{4}$ taza de salsa de soya
- $\frac{1}{4}$ taza de miel
- 1 cucharada de salsa de chile

Direcciones

1) Saque y ralle la ralladura de las limas y el jugo de las limas.

b) Mezclar los ingredientes y marinar.

c) Asar durante 2 horas girando de vez en cuando y, pincelando con salmuera.

36. Coliflor a la parrilla con gremolata

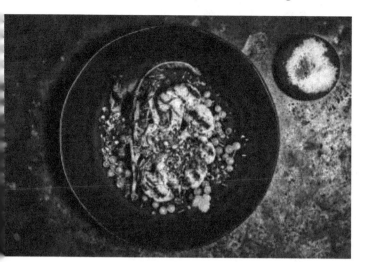

Tiempo total de preparación: 20 minutos

Tiempo total de cocción: 30 minutos

Rendimiento: 6

Ingredientes

- 2 cabezas de coliflor

- 100 ml de aceite de canola

- 150 g de mantequilla sin sal

- sal

- gremolata

- 6 cucharadas de hojas de perejil finamente picadas

- 2 cucharadas de piñones, tostados

- 1 cucharada de chile verde finamente picado

- 1 cucharada de ajo finamente picado

- 1 limón, finamente rallado

- escamas de sal marina

- 90 g de grosellas blancas

Direcciones

a) Coloque una hoja de papel para hornear un poco más pequeña encima de una hoja de papel de cocina un poco más grande para hacer un paquete para cocinar la coliflor.

b) En un plato para mezclar, combine todos los ingredientes de la gremolata.

c) Cepille cada rebanada de coliflor ligeramente con aceite por ambos lados.

d) Colóquelos en el papel de hornear, unte con mantequilla y sazone con sal. Parrilla.

e) Dóblalo en un paquete sellado y colócalo nuevamente en la parrilla, preferiblemente en una posición menos caliente, antes de cerrar la tapa.

f) Después de 30 minutos, abre el paquete y verifica que la coliflor haya adquirido un hermoso color marrón dorado.

g) Coloque una rodaja de coliflor en cada plato, luego cubra con una cucharada generosa de gremolata y las grosellas blancas.

37. Guisantes a la parrilla y cebolletas con brotes de soja

Tiempo total de preparación: 5 minutos

Tiempo total de cocción: 20 minutos

Rendimiento: 6

Ingredientes

- 12 cebolletas pequeñas

- 3 cucharadas de aceite de oliva

- 1 kg de guisantes en vaina

- 125 g de brotes de soja

- 10 g de hojas de menta picadas

- escamas de sal marina

Direcciones

a) Partir las cebolletas a lo largo, conservando tantas hojas como sea posible.

b) Cepille los bordes cortados de las cebolletas con aceite.

c) Coloque las cebolletas en la parrilla y cocine por 10 minutos, o hasta que comiencen a ablandarse y hayan tomado un poco de color.

d) Darles la vuelta y cocinar otros 5 minutos por el otro lado. Ponga a un lado las cebolletas en un plato grande para mezclar.

e) Coloque los guisantes en sus vainas en la parrilla y cocine hasta que las vainas comiencen a ennegrecerse, 5 minutos. Dejar otros 5 minutos después de darles la vuelta.

f) Retire los guisantes de las vainas cuando estén lo suficientemente fríos para manipularlos y colóquelos en el recipiente con las cebolletas.

g) Vierta el aceite restante en el recipiente, seguido de los brotes de soja y la menta.

h) Sazone con sal y revuelva hasta que todo esté aireado, idealmente con las manos.

38.   Shiitakes a la brasa

Tiempo Total: 10 minutos

Rendimiento: 4 porciones

Ingredientes

- 8 onzas de shiitakes, lavados y sin tallos
- 1 cucharada de aceite de oliva
- 1 cucharada de tamari
- 1 cucharada de ajo, triturado
- 1 cucharadita de romero picado
- sal y pimienta negra
- 1 cucharadita de jarabe de arce
- 1 cucharadita de aceite de sésamo
- edamame

Direcciones

a) Marinar los champiñones durante 5 minutos con los demás ingredientes.

b) Asa los sombreros sobre las brasas hasta que estén ligeramente dorados.

c) Cubrir con edamame.

39.   Verduras de confeti a la parrilla

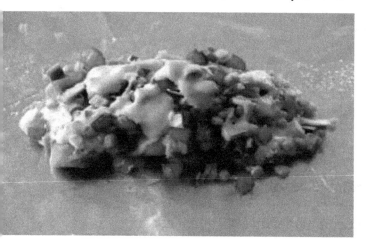

Tiempo total: 20 minutos

Rendimiento: 4 porciones

Ingredientes

- 8 tomates cherry; - reducido a la mitad, hasta 10

- $1\frac{1}{2}$ taza de maíz cortado de la mazorca

- 1 pimiento rojo dulce; en juliana

- $\frac{1}{2}$ pimiento verde moderado; en juliana

- 1 cebolla pequeña; Segmentario

- 1 cucharada de hojas de albahaca fresca; cortado en cubitos

- $\frac{1}{4}$ de cucharadita de cáscara de limón rallada

- Sal y pimienta; probar

- 1 cucharada + 1 cucharadita de mantequilla sin sal o; margarina; cortar

Direcciones

a) En un tazón grande, combine todos los ingredientes excepto la mantequilla; revuelva suavemente para combinar.

b) Coloque cada mitad en el centro de una hoja de papel de aluminio resistente.

c) Untar mantequilla sobre las verduras.

d) Junta las esquinas del papel aluminio y gíralo para sellar.

e) Ase los paquetes de papel de aluminio durante 15 a 20 minutos sobre brasas moderadamente calientes o hasta que las verduras estén cocidas.

f) Sirva de inmediato.

40.   Caen verduras a la parrilla

Tiempo total de preparación: 20 minutos

Tiempo total de cocción: 30 minutos

Rendimiento: 1 porción

Ingredientes

- 2 papas para hornear,pelado y cortado en cubitos
- 2 batatas,pelado y cortado en cubitos
- 1 calabaza bellota,pelado y cortado en cubitos
- $\frac{1}{4}$ taza de mantequilla; Derretido
- 3 cucharadas de aceite vegetal
- 1 cucharada de tomillo
- Sal y pimienta para probar

Direcciones

a) Prepare la parrilla para asar indirectamente.

b) Combine las verduras, el aceite, la sal y la pimienta en un tazón.

c) En un plato pequeño, combine la mantequilla y el tomillo.

d) Coloque las verduras en la parrilla.

e) Cocinar durante 15 minutos con la tapa cerrada.

f) Voltee, cepille con la mezcla de mantequilla y tomillo y cocine por otros 15 minutos hasta que las verduras estén blandas.

41.   Calabaza bellota y espárragos a la plancha

Tiempo total de preparación: 10 min

Tiempo total de cocción: 25 min

Rendimiento: 1 porción

Ingredientes

- 4 calabazas bellota

- Sal; probar

- Pimienta; probar

- 4 ramitas de romero

- 4 cucharadas de cebollas; picado

- 4 cucharadas de apio; picado

- 4 cucharadas de zanahorias; picado

- 4 cucharadas de aceite de oliva

- 2 tazas de caldo de verduras

- 1 libra de quinua; lavado

- 2 libras de champiñones silvestres frescos

- 2 libras de espárragos

Direcciones

a) Frote sal, pimienta, aceite y romero por todo el interior de la calabaza bellota.

b) Ase a la parrilla durante 8 minutos, boca abajo.

c) Voltee, cocine por 20 minutos, tapado, con romero adentro.

d) Cocine las cebollas, el apio, las zanahorias y 1 cucharada de aceite de oliva juntos en una cacerola.

e) Añadir el caldo y la quinoa y llevar a ebullición. Cocine a fuego lento durante 10 minutos con la tapa completamente cerrada. Destape la calabaza y rellénela con la mezcla de quinoa. Cocine por otros diez minutos.

f) Mezcle los champiñones y los espárragos con una capa ligera de aceite de oliva, sal y pimienta.

g) Ase a la parrilla durante 3 minutos por cada lado.

h) Sirva la calabaza con quinoa adentro y espárragos y champiñones esparcidos.

42.   Berenjenas Con Tomates Ahumados Y Piñones

Tiempo total de preparación: 30 minutos

Tiempo total de cocción: 30 minutos

Rendimiento: 6

Ingredientes

- 6 berenjenas medianas
- 3 limones
- 400 ml de agua
- 1 cucharadita de sal
- 2-3 dientes de ajo, machacados
- 1 ramita de perejil
- 1 ramita de apio de monte
- 1 cucharadita de granos de pimienta negra
- 1 cucharadita de semillas de cilantro
- 12 tomates ahumados
- 2 onzas. piñones, tostados
- 1 ramita de perejil

Direcciones

a) Después de perforar las berenjenas en algunos lugares, colócalas directamente sobre el carbón caliente.

b) Ase las berenjenas durante 15 minutos, o hasta que la piel esté asada y la carne esté tierna.

c) Corta los limones por la mitad y cocínalos con el lado cortado hacia abajo hasta que hayan desarrollado algo de color.

d) Una vez que las berenjenas se hayan enfriado, pélelas, asegurándose de quitar toda la piel carbonizada.

e) En una cacerola, hierva el agua y la sal. Retire la sartén del fuego. El ajo, el perejil, el apio de monte, los granos de pimienta y las semillas de cilantro deben agregarse ahora.

f) Añadir el líquido de berenjena sobrante y el aceite ahumado de los tomates.

g) Coloque una rodaja de berenjena y dos tomates ahumados en cada plato. Añade una cucharada de piñones por encima. Agregue un poco de caldo, medio limón y hojas de perejil encima.

43.   Remolacha roja asada con queso feta y dukkah

Tiempo total de preparación: 20 minutos

Tiempo total de cocción: 1 hora

Rendimiento: 6

Ingredientes

- 6 remolachas rojas pequeñas

- 6 rebanadas de pan de masa madre

- mantequilla sin sal

- 2 onzas. queso feta, preferiblemente hecho con leche de cabra

- 6 cucharaditas de Dukkah

- hierbas mixtas frescas, por ejemplo, orégano, perejil, shiso y albahaca

- escamas de sal marina

Direcciones

a) Recoja las remolachas y colóquelas en el lado de la parrilla sin carbón.

b) Cierra la tapa y asa durante 1 hora a fuego indirecto, hasta que las remolachas estén tiernas al presionarlas ligeramente

c) Una vez que las remolachas estén lo suficientemente frías como para manipularlas sin quemarse, pélelas.

d) Unte con mantequilla los trozos de pan, luego áselos rápidamente por un lado sin mantequilla, luego voltéelos y caliéntelos hasta que aparezcan rayas claras en la parrilla.

e) Cortar las remolachas y cubrir con queso feta se desmorona. Colóquelos en la parrilla durante unos minutos para derretir el queso.

f) Coloque unas rebanadas de remolacha con queso feta en cada rebanada de pan tostado, cubra con Dukkah, hierbas y escamas de sal marina, y sirva.

44.   Verduras a la parrilla en salmuera

Tiempo total de preparación: 15 minutos

Tiempo total de cocción: 1 hora

Rendimiento: 6 porciones

Ingrediente

- 2 tazas de aceite de oliva virgen extra
- $\frac{1}{2}$ taza de vinagre balsámico
- 2 cucharadas de chalotes picados
- 1 cucharada de pasta de ajo picada
- $\frac{1}{2}$ taza de gasa de albahaca
- 1 cabeza de achicoria; descuartizado
- 2 tomates criollos; Segmentado 1/4 de espesor
- 1 cebolla roja; 1/4 anillos segmentados
- 1 calabacín; Segmentado 1/4 de espesor
- 2 tazas de hongos silvestres variados segmentados
- 1 calabaza amarilla; Segmentado 1/4 de espesor
- $\frac{1}{2}$ libra de espárragos; blanqueado
- 1 sal; probar
- 1 pimienta negra recién molida; probar

Direcciones

a) Calentar la parrilla. Sazone las verduras con 2 cucharadas de aceite de oliva, sal y pimienta.

b) Coloca todas las verduras en la parrilla (excepto los champiñones) y asa durante 2 minutos por cada lado.

c) En un plato para mezclar, mezcle el aceite de oliva, el vinagre, los chalotes, el ajo y la albahaca. Sazone la salmuera con sal y pimienta.

d) Saca las verduras de la parrilla. En un plato de soufflé de vidrio, alterne las capas de las diferentes verduras. Vierta la salmuera sobre las verduras y deje marinar durante 12 horas o toda la noche.

45. Chimichurri de verduras a la plancha

Tiempo total de preparación: 30 minutos

Tiempo total de cocción: 15 minutos

Rinde 4 porciones

Ingredientes
- 2 chalotes moderados, en cuartos

- 3 dientes de ajo, machacados

- 1/3 taza de hojas de perejil fresco

- 1/4 taza de hojas de albahaca fresca

- 2 cucharaditas de tomillo fresco

- 1/2 cucharadita de sal

- 1/4 cucharadita de pimienta negra recién molida

- 2 cucharadas de jugo de limón fresco

- 1/2 taza de aceite de oliva

- 1 cebolla roja moderada, cortada por la mitad a lo largo, luego en cuartos

- 1 batata moderada, pelada y cortada en segmentos de 1/2 pulgada

- 1 calabacín pequeño, cortado en diagonal en segmentos de 1/2 pulgada de grosor

- 2 plátanos maduros, cortados por la mitad a lo largo, luego cortados por la mitad horizontalmente

Direcciones

a) Precalentar la parrilla.

b) Mezcle los chalotes y el ajo en una batidora o procesador de alimentos hasta que estén finamente picados.

c) Pulse hasta que el perejil, la albahaca, el tomillo, la sal y la pimienta estén finamente picados. Procese hasta que el jugo de limón y el aceite de oliva estén bien combinados. Mover a un tazón pequeño.

d) Pintar las verduras con la salsa Chimichurri.

e) Póngalos en la parrilla para cocinar.

f) Continúe asando hasta que las verduras estén blandas, de 10 a 15 minutos para todo excepto los plátanos, que deben estar listos en 7 minutos.

g) Servir inmediatamente con un chorrito de la salsa sobrante.

GUARNICIONES

46. Puerros a la parrilla con champagne

Tiempo total de preparación: 10 minutos

Tiempo total de cocción: 23 minutos

Rendimiento: 4 porciones

Ingredientes

- 6 fugas de tamaño moderado, recortadas

- 2 cucharadas de aceite de oliva

- 1 taza de tomillo fresco; aproximadamente cortado en cubitos

- 2 tazas de champán

- 1 taza de caldo

- 1 taza de queso feta desmenuzado

- Sal y pimienta; probar

Direcciones

a) Caliente el aceite de oliva en una sartén grande para dorar a fuego medio.

b) Agrega el tomillo al aceite caliente y bate durante 1 minuto. Dore los puerros durante 3 minutos, o hasta que estén ligeramente dorados por todos lados.

c) Agregue el champán y el caldo, y cocine hasta que los puerros estén suaves, unos 8 minutos. Retire los puerros de la sartén y déjelos a un lado.

d) Cocine a fuego lento la salsa restante en la sartén hasta que se haya reducido a la mitad.

e) Mientras tanto, asa los puerros durante 8 a 10 minutos sobre un fuego de carbón moderadamente caliente, girando varias veces.

f) Retire los puerros de la parrilla y córtelos por la mitad a lo largo.

g) Sirva inmediatamente, cubriendo cada porción con queso feta y un chorrito de la salsa reducida.

47.   Papas a la parrilla con queso

Tiempo total de preparación: 10 minutos

Tiempo total de cocción: 35 minutos

Rendimiento: 4 porciones

Ingredientes

- 3 papas Russet, cada una cortada en 8 gajos a lo largo
- 1 cebolla, finamente segmentada
- 2 cucharadas de aceite de oliva
- 1 cucharada de perejil fresco picado
- $\frac{1}{2}$ cucharadita de ajo en polvo
- $\frac{1}{2}$ cucharadita de sal
- $\frac{1}{2}$ cucharadita de pimienta molida gruesa
- 1 taza de queso cheddar rallado o queso Colby-jack

Direcciones

a) En un plato grande, combine los gajos de patata, la cebolla, el aceite, el perejil, el ajo en polvo, la sal y la pimienta.

b) Coloque en una sola capa en una fuente de aluminio para asar. Cubra con una segunda fuente de aluminio. Use papel de aluminio para reforzar el borde sellado del paquete.

c) Coloque en una parrilla a fuego medio y cocine durante 40 a 50 minutos, o hasta que estén tiernos, sacudiendo el paquete ocasionalmente y girándolo boca abajo a la mitad de la cocción. Retire la tapa y cubra con queso.

d) Cocine de 3 a 4 minutos más, tapado, hasta que el queso se derrita.

48. Calabacín y calabacín a la parrilla

Tiempo total de preparación: 10 minutos

Tiempo total de cocción: 15 minutos

Rendimiento: 4 porciones

Ingredientes

- $\frac{1}{4}$ taza de aceite de oliva
- 1 cucharada de ajo picado
- $\frac{1}{4}$ taza de chile fresco picado
- 2 cucharadas de semillas de Comino
- Sal y pimienta para probar
- 2 calabacines moderados, cortados a lo largo
- 2 calabazas de verano moderadas, cortadas
- $\frac{1}{4}$ taza de aceite de oliva
- $\frac{1}{3}$ taza de jugo de limón fresco
- 3 cucharadas de miel
- $\frac{1}{4}$ taza de cilantro fresco cortado en cubitos
- Sal y pimienta para probar

Direcciones

a) Para hacer el aderezo, mezcle todos los ingredientes en un plato pequeño y reserve.

b) En un tazón mediano, combine el aceite de oliva, el ajo, el chile y las semillas de Comino. Mezcle bien las tablas de calabaza y calabacín hasta que las calabazas estén cubiertas.

c) Precaliente la parrilla a fuego medio-alto y cocine las calabazas durante unos 3 minutos por cada lado, o hasta que estén completamente doradas.

d) Retire las calabazas de la parrilla, colóquelas en un plato y rocíe con el aderezo antes de servir.

49. Bok Choy a la parrilla

Tiempo total de preparación: 10 minutos

Tiempo total de cocción: 15 minutos

Rendimiento: 6

Ingredientes

- 2 cabezas de bok choy
- $\frac{1}{4}$ taza de vinagre de vino de arroz
- 1 cucharada de salsa de chile
- Sal y pimienta
- $\frac{3}{4}$ taza de aceite vegetal
- 2 cebolletas; cortado en cubitos
- 2 cucharadas de semillas de sésamo

Direcciones

a) En un plato, combine el vinagre, la salsa picante, la sal y la pimienta.

b) Mezcle el aceite. Agregue las cebollas y las semillas de sésamo y mezcle bien.

c) Precaliente la parrilla y coloque los trozos de bok choy de 2 a 5 minutos, hasta que estén tiernos y crujientes.

50. Zanahorias asadas al carbón con caldo Lovage

Tiempo total de preparación: 15 minutos

Tiempo total de cocción: 15 minutos

Rendimiento: 6

Ingredientes

- 6 zanahorias medianas, preferiblemente moradas

Caldo de apio de monte

- 2 litros de caldo de verduras
- 1 pieza de cúrcuma, rebanada con piel
- 1 cucharadita de granos de pimienta negra
- 1 cucharadita de semillas de cilantro
- 1 cucharadita de pimienta de Sichuan
- 1 cucharada de vinagre de vino blanco
- 1 ramita de apio de monte
- escamas de sal marina

Servir

- apio de monte
- hojas de perejil
- berro
- aceite de canola prensado en frío

Direcciones

a) Lleve a ebullición el caldo de verduras, la cúrcuma, los granos de pimienta, las semillas de cilantro y la pimienta de Sichuan. Mezcla el apio de monte y el vinagre.

b) Revuelva un par de veces, luego cubra y deje reposar durante 20 minutos. Colar y sazonar con sal y pimienta.

c) Llene la parrilla hasta la mitad con carbón o leños para que luego pueda asar las zanahorias con calor indirecto. Encienda la parrilla y, después de que esté caliente, coloque las zanahorias directamente sobre las brasas para permitir que la capa exterior se queme. Usando pinzas, gire muchas veces.

d) Recoja las zanahorias y colóquelas en el lado de la parrilla sin carbón. Cierra la tapa y asa durante 30 minutos a fuego indirecto.

e) Cortar las zanahorias en rodajas de 1 cm de grosor.

f) Termine con caldo y unas gotas de aceite de canola fragante prensado en frío después de emplatar las rodajas de zanahoria, las hierbas y los berros.

51.   Espárragos a la Parrilla

Tiempo total de preparación: 15 minutos

Tiempo total de cocción: 3 minutos

Rendimiento: 4

Ingredientes

- 1 manojo de espárragos
- 1/2 taza de vinagre balsámico
- pizca de sal

Direcciones

a) Precaliente la parrilla, ya sea a gas o carbón.

b) Espere de 15 a 30 minutos para que el vinagre penetre en los espárragos. Marinar durante 1 hora para obtener el sabor óptimo.

c) Coloque lentamente los espárragos sobre la rejilla superior de la parrilla.

d) Cocine hasta que esté crujiente, tierno y bellamente dorado.

52. Hongos portobello a la parrilla

Tiempo total de preparación: 10 minutos

Tiempo total de cocción: 6 minutos

Rendimiento: 4 porciones

Ingredientes

- 4 champiñones portobello

- 1/2 taza de pimiento rojo picado

- 1 diente de ajo, picado

- 4 cucharadas de aceite de oliva

- 1/4 cucharadita de cebolla en polvo

- 1 cucharadita de sal

- 1/2 cucharadita de pimienta negra molida

Direcciones

a) Precaliente una parrilla exterior a fuego medio y engrase ligeramente la rejilla de la parrilla.

b) Lava los champiñones y quita los tallos.

c) Combine el pimiento rojo, el ajo, el aceite, la cebolla en polvo, la sal y la pimienta negra molida en un tazón grande.

d) Aplicar la mezcla a los champiñones.

e) Ase a la parrilla durante 15 a 20 minutos a fuego indirecto c al lado de las brasas calientes.

53.   Patatas fritas especiadas a la parrilla

Tiempo total de preparación: 30 minutos

Tiempo total de cocción: 15 minutos

Rendimiento: 4 a 6 porciones

Ingrediente

- 1 libra de Papas, segmentadas en frituras y sancochadas

- 3 cucharadas de aceite de oliva

- 3 cucharadas de aceite vegetal

- 2 cada uno dientes de ajo, picados

- 1 pizca de Cayena

- Sal y pimienta

- $1\frac{1}{2}$ cucharadita de chile en polvo

Direcciones

a) Combina la mezcla de especias.

b) Escurrir las papas sancochadas e inmediatamente echarlas en la mezcla de especias que se ha preparado.

c) Mezcle suavemente y transfiera a una parrilla caliente.

d) Asa las papas fritas sobre brasas calientes.

e) Rocíe las papas con la mezcla de especias sobrante mientras continúan cocinándose.

54. Asar papas al horno

Tiempo total de preparación: 15 minutos

Tiempo total de cocción: 34 minutos

Rendimiento: 2

Ingredientes

- 6 papas para hornear
- 1 cebolla; Cortado
- 4 onzas. chiles verdes
- 4 onzas. Aceitunas negras; Cortado
- 1/4 cucharadita de ajo en polvo
- 1/2 cucharadita de pimienta de limón
- Papel de aluminio

Direcciones

a) Frote y rebane las papas para hornear, pero deje la cáscara.

b) Distribuya uniformemente los ingredientes en cuadrados de aluminio.

c) Sella los extremos superponiendo el papel aluminio.

d) Ase a la parrilla durante 45-55 minutos en una parrilla de barbacoa.

55.   cebollas asadas

Tiempo total de preparación: 10 minutos

Tiempo total de cocción: 45 minutos

RENDIMIENTO: 2 tazas

Ingredientes

- 6 cebollas medianas, peladas
- 6 cucharadas de mantequilla o aceite
- Sal
- Pimienta negra recién molida

Direcciones

a) La mitad de las cebollas y colóquelas en una parrilla engrasada.

b) Unte con mantequilla y cocine durante 45 minutos, rociando con más mantequilla o aceite según sea necesario para mantener la humedad.

c) Sazone con sal y pimienta al gusto

d) Servir tibio o frío.

56. Cebolletas a la parrilla en salsa de almendras

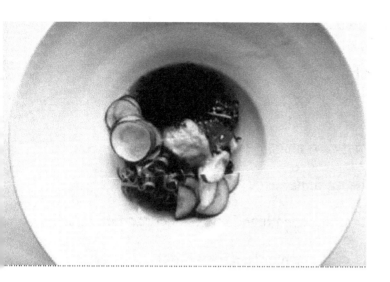

Tiempo total de preparación 15 minutos

Tiempo total de cocción 35 minutos

Rendimiento: 6 porciones

Ingredientes

- 24 cebolletas; extremos de la raíz recortados

- 3 cucharadas de almendras, tostadas

- 2 tomates ciruela; aproximadamente cortado en cubitos

- 2 dientes de ajo; finamente segmentado

- 1 cucharada de pimentón español

- 10 hojas de menta

- 2 cucharadas de perejil fresco; cortado en cubitos

- $\frac{1}{4}$ taza de aceite de oliva virgen extra

- 2 cucharadas de vinagre

Direcciones

a) Precalentar la parrilla.

b) Coloque las cebolletas en el lado más frío de la parrilla y cocine durante 2 minutos por lado, o hasta que estén tiernas y de color verde oscuro.

c) En un mortero, combine las almendras, los tomates, el ajo, el pimentón, la menta y el perejil.

d) Colóquelo en un plato para mezclar después de moler hasta obtener una pasta fina. Batir el vinagre.

e) Retira las cebolletas de la parrilla y échalas en el plato.

f) Servir caliente o frío.

57.   Col rizada asada

Tiempo total: 30 minutos

Rendimiento: alrededor de 8-10

Ingredientes

- 500 g de col rizada

- 4 dientes de ajo pequeños

- ½ taza de aceite de oliva

- sal marina y pimienta negra recién molida

Direcciones

a) Precaliente el horno a 120 grados Celsius (250 grados Fahrenheit/Gas 12).

b) Rocíe aceite de oliva sobre las hojas de col rizada y el ajo en una bandeja para hornear. Sazone al gusto con sal y pimienta.

c) Ase a la parrilla durante 20 minutos, lejos del fuego.

d) Retire las hojas asadas y colóquelas sobre una rejilla para que se enfríen, usando el papel de hornear para recoger el aceite extra.

ENSALADAS

58. Ensalada de rúcula y verduras a la plancha

Tiempo total de preparación: 10 minutos

Tiempo total de cocción: 20 minutos

Rendimiento: 8 porciones

Ingredientes

- $1\frac{1}{2}$ taza de aceite de oliva
- $\frac{1}{4}$ taza de jugo de limón
- $\frac{1}{4}$ taza de vinagre balsámico
- $\frac{1}{4}$ taza de hierbas frescas
- 4 chorritos de salsa tabasco
- Sal y pimienta para probar
- 2 pimientos rojos; reducido a la mitad
- 3 tomates ciruela; reducido a la mitad
- 2 cebollas moradas moderadas
- 1 berenjena pequeña; Segmentario
- 10 champiñones
- 10 patatas rojas pequeñas; cocido
- ⅓ taza de aceite de oliva
- Sal y pimienta para probar
- 3 manojos de rúcula; lavado y secado
- 1 libra de mozzarella; finamente segmentado

- 1 taza de aceituna negra; deshuesado

Direcciones

a) En un plato, mezcle el aceite de oliva, el jugo de limón, el vinagre, las hierbas, la salsa Tabasco y la sal y la pimienta. Coloque a un lado.

b) En un tazón grande, combine los pimientos, los tomates, la cebolla, la berenjena, los champiñones y las papas.

c) Mezcle el aceite de oliva, la sal y la pimienta hasta que las verduras estén completamente cubiertas. Ase a la parrilla durante 4 a 6 minutos por cada lado.

d) Retire de la parrilla y corte en trozos pequeños tan pronto como se enfríe lo suficiente como para manipularlo.

e) En un plato grande y poco profundo, haz una cama de rúcula.

f) Coloque las verduras a la parrilla sobre la rúcula, luego cubra con mozzarella y aceitunas, y sirva con el aderezo a un lado.

59.   Ensalada de arroz y aguacate

Tiempo total de preparación: 15 minutos

Tiempo total de cocción: 20 minutos

Rendimiento: 4 porciones

Ingredientes

- 1 taza de arroz Wehani
- 3 tomates ciruela maduros; sin semillas y cortado en cubitos
- $\frac{1}{4}$ taza de cebolla morada picada
- 1 chile jalapeño pequeño; sin semillas y cortado en cubitos
- $\frac{1}{4}$ taza de cilantro finamente picado
- $\frac{1}{4}$ taza de aceite de oliva virgen extra
- 1 cucharada de jugo de lima
- $\frac{1}{8}$ cucharadita de semilla de apio
- Sal y pimienta; probar
- 1 aguacate maduro
- Verduras mixtas para bebés

Direcciones

a) Cocine el arroz Wehani según las instrucciones del paquete y luego extiéndalo en una bandeja para hornear.

b) Combine el arroz, los tomates, la cebolla roja, el chile jalapeño y el cilantro en un tazón grande para mezclar.

Agregue jugo de lima, aceite de oliva virgen extra, semilla de apio, sal y pimienta al gusto.

c) Pelar y segmentar el aguacate antes de servir. Coloque los segmentos encima de una cama de verduras tiernas variadas.

d) Coloque la ensalada de arroz Wehani encima de los aguacates.

e) Cubra con verduras a la parrilla.

60. Arroz integral y vegetales a la parrilla

Tiempo total de preparación: 15 minutos

Tiempo total de cocción: 30 minutos

Rendimiento: 6 porciones

Ingredientes

- $1\frac{1}{2}$ taza de arroz integral
- 4 de cada calabacín, cortados por la mitad a lo largo
- 1 cebolla roja grande, cortada transversalmente en 3 segmentos gruesos
- $\frac{1}{4}$ taza de aceite de oliva
- ⅓taza de aceite de oliva
- 5 cucharadas de salsa de soja
- 3 cucharadas de salsa Worcestershire
- $1\frac{1}{2}$ taza de astillas de madera de mezquite remojadas en agua fría
- 2 tazas de granos de maíz frescos
- ⅔taza de jugo de naranja fresco
- 1 cucharada de jugo de limón fresco
- $\frac{1}{2}$ taza de perejil italiano picado

Direcciones

a) Cocine el arroz hasta que esté cocido en una cacerola grande con agua hirviendo con sal, aproximadamente 30 minutos. Escurrir bien.

b) En un plato poco profundo, combine el aceite, la salsa de soya y la salsa Worcestershire; vierta sobre los gajos de calabacín y cebolla. Espere 30 minutos para marinar, rotando las verduras una vez durante ese tiempo.

c) Precalentar la parrilla.

d) Escurra las astillas de mezquite y espárzalas sobre las brasas hasta que se pongan blancas.

e) Coloque la cebolla y el calabacín en la parrilla cuando los chips comiencen a humear.

f) Espolvorear con sal y pimienta.

g) Cocine hasta que estén tiernos y dorados, volteándolos una o dos veces y rociándolos con salmuera. Retire las verduras de la parrilla.

h) Corte en cuartos los segmentos de cebolla y corte el calabacín en trozos de 1 pulgada.

i) Combine el arroz enfriado y el maíz en un plato para servir.

j) Mezcle el jugo de naranja, el jugo de limón, 1/3 taza de aceite, 3 cucharaditas de salsa de soya y 1 cucharada de salsa Worcestershire en un tazón. Vierta sobre la ensalada y mezcle bien.

k) Sazone con sal y pimienta después de agregar el perejil.

) Sirva la ensalada con una guarnición de aderezo extra.

61.   Ensalada de tomate cherry y cebolla asada

Tiempo total de preparación: 5 minutos

Tiempo total de cocción: 5 minutos

Rendimiento: 4 porciones

Ingredientes

- 1 cebolla grande, finamente segmentada
- 1 cucharada de aceite vegetal
- 1 pinta de tomates cherry rojos sin tallo y cortados a la mitad
- 1 pinta de tomates cherry amarillos
- 1 diente de ajo, picado
- ⅓ taza de aceite de oliva
- ¼ taza de vinagre de vino
- 1 cucharada de vinagre balsámico
- 2 cucharadas de perejil italiano, cortado en cubitos
- Sal
- Pimienta molida

Direcciones

a) En una plancha grande, dore la cebolla en aceite vegetal y combínela con los tomates cherry y los ingredientes del aderezo.

b) Servir.

62.   Ensalada de la huerta a la parrilla

Tiempo Total de Preparación: 5 minutos+ Enfriamiento

Rendimiento: 6 porciones

Ingredientes

- 2 tomates ahumados moderados, sin semillas y cortados en cubitos

- 1 calabacín a la parrilla moderado, cortado en cubitos

- 1 taza de maíz en grano entero congelado, descongelado

- 1 aguacate maduro pequeño, pelado, sin semillas y cortado en cubitos gruesos

- ⅓taza de cebollas verdes finamente segmentadas con tapas

- ⅓taza de salsa picante Pace

- 2 cucharadas de aceite vegetal

- 2 cucharadas de cilantro o perejil fresco picado

- 1 cucharada de jugo de limón o lima

- $\frac{3}{4}$ cucharadita de sal de ajo

- $\frac{1}{4}$ de cucharadita de comino molido

Direcciones

a) En un tazón grande, combine los tomates ahumados, el calabacín a la parrilla, el maíz, el aguacate y las cebollas verdes.

b) Combine los ingredientes restantes y revuelva bien.

c) Vierta sobre la mezcla de verduras y combine suavemente. Enfriar durante 3-4 horas, revolviendo suavemente de vez en cuando.

d) Agregue suavemente la salsa picante y sirva frío o a temperatura ambiente.

63.   Espárragos y tomates a la parrilla

Tiempo total de preparación: 5 minutos

Tiempo total de cocción: 15 minutos

Rendimiento: 1 porción

Ingredientes

- 12 onzas de espárragos, recortados

- 6 tomates maduros, cortados a la mitad

- 3 cucharadas de aceite de oliva

- Sal y pimienta

- 1 diente de ajo picado

- 1 cucharada de mostaza

- 3 cucharadas de vinagre balsámico

- ⅓ taza de aceite de oliva

- Sal y pimienta

Direcciones

a) Precalienta la parrilla a fuego medio-alto.

b) Combine los espárragos, el aceite de oliva y la sal y la pimienta en un tazón grande para mezclar. Cepille los tomates en el plato con el aceite de oliva restante.

c) Asa los espárragos y los tomates por separado hasta que estén suaves pero no blandos.

d) Usando un batidor, combine el ajo, la mostaza, el vinagre balsámico y el aceite de oliva en un plato. Sazone con sal y pimienta al gusto.

e) Sirva las verduras asadas con vinagreta por encima.

64.   Ensalada de maíz a la parrilla

Tiempo total de preparación: 10 minutos

Tiempo total de cocción: 10 minutos

Rendimientos: 4

Ingredientes

- 1 1/2 cucharadita. aceite de oliva

- 1/2 cucharadita sal

- 4 mazorcas de maíz

- 1/4 de cucharadita. pimienta

- 2 cucharadas de jugo de lima

- 1/8 de cucharadita. polvo de ajo

- 1 1/2 cucharadita. aceite de oliva

- 1 taza de tomate picado

- 2 cucharaditas Azúcar

- 1 taza de pepino cortado en cubitos, sin semillas y pelado

Direcciones

a) Rocíe el maíz con 1 1/2 cucharadita de aceite de oliva

b) Coloque el maíz en la parrilla y cocine por 20 minutos, rotando cada cinco minutos, o hasta que esté ligeramente dorado. Deje enfriar.

c) En un plato mediano, combine el jugo de lima, el aceite de oliva, el azúcar, la sal, la pimienta y el ajo en polvo.

d) Mezcle el maíz, el tomate y el pepino. Mezcla

SEITÁN, TEMPEH Y TOFU

65.   Brochetas de Seitán con Melocotones

Tiempo total de preparación: 10 minutos

Tiempo total de cocción: 22 minutos

Rinde 4 porciones

Ingredientes

- 1/3 taza de vinagre balsámico
- 2 cucharadas de vino tinto seco
- 2 cucharadas de azúcar moreno claro
- 1/4 taza de albahaca fresca picada
- 1/4 taza de mejorana fresca picada
- 2 cucharadas de ajo picado
- 2 cucharadas de aceite de oliva
- 1 libra de seitán, cortado en trozos de 1 pulgada
- 2 chalotes, cortados por la mitad a lo largo y blanqueados
- Sal y pimienta negra recién molida
- 2 duraznos maduros, sin hueso y cortados en trozos de 1 pulgada

Direcciones

a) En una cacerola pequeña, hierva el vinagre, el vino y el azúcar. Reduzca el fuego a medio y cocine, revolviendo ocasionalmente, hasta que el líquido se haya reducido a la mitad, aproximadamente 15 minutos.

b) Combine la albahaca, la mejorana, el ajo y el aceite de oliva en un tazón grande. Mezcle el seitán, los chalotes y los duraznos para cubrir.

c) Sazone al gusto con sal y pimienta.

d) Pintar el seitán, las chalotas y los melocotones con la mezcla balsámica después de ensartarlos en las brochetas.

e) Coloca las brochetas en la parrilla y cocina 3 minutos por lado, o hasta que el seitán y los melocotones estén cocidos.

f) Sirva inmediatamente después de pincelar con la mezcla balsámica restante.

66. Brochetas de verduras y seitán a la plancha

Tiempo total de preparación 50 minutos
Tiempo total de cocción 10 minutos
Rinde 4 porciones

Ingredientes

- 1/3 taza de vinagre balsámico

- 2 cucharadas de aceite de oliva

- 1 cucharada de orégano fresco picado

- 2 dientes de ajo, picados

- 1/2 cucharadita de sal

- 1/4 cucharadita de pimienta negra recién molida

- 1 libra de seitán, cortado en cubos de 1 pulgada

- 7 onzas de champiñones blancos pequeños

- 2 calabacines pequeños, cortados en trozos de 1 pulgada

- 1 pimiento amarillo mediano, cortado en cuadrados de 1 pulgada

- tomates cherry maduros

Direcciones

1) Combine el vinagre, el aceite, el orégano, el tomillo, el ajo, la sal y la pimienta negra en un tazón mediano.

b) Gire para cubrir el seitán, los champiñones, el calabacín, el pimiento y los tomates. Marinar durante 30 minutos a temperatura ambiente, volteando ocasionalmente.

c) Calentar la parrilla.

d) Ensartar con unas brochetas el seitán, los champiñones y los tomates.

e) Coloque las brochetas en la parrilla caliente y cocine durante unos 10 minutos en total, girando una vez a la mitad.

f) Sirva inmediatamente con una pequeña cantidad de la marinada reservada rociada encima.

67. **Sándwich de seitán cubano**

Tiempo total de preparación: 15 minutos
Tiempo total de cocción: 35 minutos
Rendimiento: 4

Ingredientes

Seitán asado al mojo:

- 3/4 taza de jugo de naranja fresco

- 3 cucharadas de jugo de limón fresco

- 3 cucharadas de aceite de oliva

- 4 dientes de ajo, picados

- 1 cucharadita de orégano seco

- 1/2 cucharadita de comino molido

- 1/2 cucharadita de sal

- 1/2 libra de seitán, cortado en rebanadas de 1/4 de pulgada de grosor

Para montaje:

- 4 rollos de sándwich submarino veganos, cortados a lo ancho

- Mantequilla vegana, a temperatura ambiente, o aceite de oliva

- Mostaza amarilla

- 1 taza de rebanadas de pepinillo con pan y mantequilla

- 8 lonchas de jamón vegano

- 8 rebanadas de queso vegano de sabor suave

Direcciones

a) Precaliente el horno a 375 grados Fahrenheit.

b) En un molde para hornear de cerámica o vidrio de 7 x 11 pulgadas, mezcle todos los ingredientes del mojo excepto el seitán. Mezcle las tiras de seitán en la marinada para cubrirlas. Ase por 10 minutos, luego voltee las rebanadas una vez para dorar ligeramente los bordes.

c) Corte cada rollo o rebanada de pan por la mitad horizontalmente y unte generosamente mantequilla o unte aceite de oliva en ambas mitades. Extienda una capa gruesa de mostaza, unas rebanadas de pepinillo, dos rebanadas de jamón y una cuarta parte de las rebanadas de seitán en la mitad inferior de cada bollo, luego cubra con dos rebanadas de queso.

d) Coloque la otra mitad del rollo encima de la mitad inferior del sándwich y aplique un poco de la marinada restante en el lado cortado.

e) Precaliente una sartén de hierro fundido a fuego medio.

f) Transfiera dos sándwiches a la sartén con cuidado, luego cubra con algo pesado y resistente al calor.

g) Asa el sándwich durante 3 a 4 minutos.

h) Cocine por otros 3 minutos o hasta que el queso esté caliente y derretido, presionando nuevamente con el peso.

i) Retire el peso y corte cada sándwich en diagonal con un cuchillo afilado sobre una tabla de cortar. ¡Servir inmediatamente!

68. Tempeh a la parrilla

Tiempo total de preparación: 10 minutos

Tiempo total de cocción: 10 minutos

Rendimiento: 4 porciones

Ingredientes

- 1 libra de tempeh, cortado en barras de 2 pulgadas
- 2 cucharadas de aceite de oliva
- 1 cebolla mediana, picada
- 1 pimiento rojo mediano, picado
- 2 dientes de ajo, picados
- Lata de tomates de 14.5 onzas
- 2 cucharadas de melaza oscura
- 2 cucharadas de vinagre de sidra de manzana
- 2 cucharadas de salsa de soya
- 2 cucharaditas de mostaza marrón picante
- 1 cucharada de azúcar
- 1/2 cucharadita de sal
- 1/4 cucharadita de pimienta de Jamaica molida
- 1/4 cucharadita de cayena molida

Direcciones

a) Cocine el tempeh durante 30 minutos en una olla mediana con agua hirviendo. Escurra el agua y déjela a un lado.

b) Calentar el aceite en una cacerola grande a fuego medio. Saltee la cebolla, el pimiento y el ajo durante 5 minutos o hasta que se ablanden. Llevar a ebullición con los tomates, la melaza, el vinagre, la salsa de soja, la mostaza, el azúcar, la sal, la pimienta de Jamaica y la pimienta de cayena. Reduzca el fuego a bajo y cocine durante 20 minutos, sin tapar.

c) Caliente la 1 cucharada restante de aceite en una sartén grande a fuego medio.

d) Agregue el tempeh y cocine por 10 minutos, volteando una vez, hasta que el tempeh esté dorado. Agregue suficiente salsa para cubrir el tempeh por completo.

e) Tape y cocine por 15 minutos para mezclar los sabores. Sirva de inmediato.

69.   Tofu a la parrilla con glaseado de tamarindo

Tiempo total de preparación: 25 minutos
Tiempo total de cocción: 40 minutos
Rinde 4 porciones

Ingredientes

- 1 libra de tofu extra firme escurrido y secado

- Sal y pimienta negra recién molida

- 2 cucharadas de aceite de oliva

- 2 chalotes medianos, picados

- 2 dientes de ajo, picados

- 2 tomates maduros, picados en trozos grandes

- 2 cucharadas de salsa de tomate

- 1/4 taza de agua

- 2 cucharadas de mostaza Dijon

- 1 cucharada de azúcar morena oscura

- 2 cucharadas de néctar de agave

- 2 cucharadas de concentrado de tamarindo

- 1 cucharada de melaza oscura

- 1/2 cucharadita de cayena molida

- 1 cucharada de pimentón ahumado

- 1 cucharada de salsa de soja

Direcciones

a) Corta el tofu en rebanadas de 1 pulgada, sazona al gusto con sal y pimienta y colócalo en un molde para hornear poco profundo.

b) Caliente el aceite en una cacerola grande a fuego medio. Saltee durante 2 minutos con los chalotes y el ajo. Combine los ingredientes restantes, excepto el tofu.

c) Reduzca a fuego lento y cocine por 15 minutos. Mezcle el contenido en una licuadora hasta que esté completamente suave.

d) Regrese a la olla y cocine a fuego lento durante 15 minutos adicionales.

e) Precalentar la parrilla o el asador del horno.

f) Asa el tofu marinado, girando una vez.

g) Retire el tofu de la parrilla y cubra ambos lados con salsa de tamarindo antes de servir.

70.   Brocheta de tofu en la marinada

Tiempo total de preparación: 10 minutos

Tiempo total de cocción: 10 minutos

Rendimiento: 4 porciones

Ingrediente

- 1 libra de tofu firme, escurrido

- 16 hongos shiitake moderados

- 1 rábano daikon grande

- 1 de cada cabeza de bok choy

- $\frac{1}{2}$ taza de salsa de soya

- $\frac{1}{2}$ taza de jugo de naranja

- 2 cucharadas de vinagre de arroz

- 2 cucharadas de aceite de maní

- 1 cucharada de aceite de sésamo oscuro

- 2 cucharadas de jengibre fresco, picado

- $\frac{1}{4}$ de cucharadita de chile picante, picado

Direcciones

a) Emulsione la salmuera batiendo todos los ingredientes.

b) Corte el pastel de tofu por la mitad y deje marinar durante 1 hora a temperatura ambiente o toda la noche en el refrigerador. Voltear con frecuencia.

c) Marinar los champiñones, el daikon y los tallos de bok choy.

d) Mezcle la marinada con las hojas de bok choy.

e) Dobla los lados de cada hoja hacia el centro y enróllala desde la parte superior.

f) Alternativamente, pinche el paquete de hojas, los champiñones, el tofu, el daikon y el tallo de bok choy en brochetas de madera.

g) Ase las brochetas durante 12 a 15 minutos en una parrilla cerrada, girando a la mitad para garantizar una cocción uniforme.

71.   Café tofu a la parrilla

Tiempo total de preparación: 20 minutos

Tiempo total de cocción: 5 minutos

Rendimiento: 4 porciones

Ingrediente

- 1 libra de tofu

- $\frac{1}{4}$ taza de mirin

- $\frac{1}{4}$ taza de tamari

- 1 cucharadita de jengibre, fresco; picado

- pizca de pimienta, cayena

Direcciones

a) Combine mirin, tamari, jengibre y pimienta de cayena.

b) Marinar el tofu en la mezcla durante al menos una hora o toda la noche.

c) Asa el tofu sobre las brasas hasta que esté ligeramente dorado.

72.   tofu de soja a la parrilla

Tiempo total de preparación: 20 minutos+enfriamiento

Tiempo total de cocción: 5 minutos

Rendimiento: 4 porciones

Ingrediente

- 1 libra de tofu firme

- 2 cucharadas de salsa de soya

- 1 cucharada de azúcar moreno envasada

- 1 cucharada de salsa de tomate

- 1 cucharada de rábano picante

- 1 cucharada de vinagre de sidra

- 1 diente de ajo picado

Direcciones

a) Corte el tofu en segmentos de 1/2 pulgada de grosor y colóquelo en una fuente de vidrio para hornear.

b) Combine la salsa de soya, el azúcar moreno, el ketchup, el rábano picante, el vinagre y el ajo en un tazón; vierta sobre el tofu y gire para cubrir uniformemente.

c) Refrigere por al menos 1 hora o hasta 24 horas, volteando una o dos veces.

d) Re-Porciones marinar y colocar el tofu en la parrilla engrasada.

e) Ase a la parrilla durante 3 minutos por lado o hasta que se dore a fuego moderadamente alto, rociando con la marinada.

73.   Tofu a la plancha con nerimiso

Rendimiento: 12 porciones

Ingrediente

- 3 cucharadas Dashi
- $\frac{1}{2}$ taza de miso blanco
- 1 cucharada de azúcar
- 1 cucharada de mirin
- 3 cucharadas de semillas de sésamo, tostadas
- 1 yema de huevo
- 3 tortas de tofu
- 12 ramitas de kinome

Direcciones

a) Hervir el dashi, el miso, el azúcar y el mirin. Reduzca el fuego a bajo y continúe revolviendo regularmente con una cuchara de madera durante otros 20 minutos.

b) Dejar enfriar un poco antes de agregar la yema de huevo. Mezcle vigorosamente hasta que se forme una pasta suave.

c) Muele las semillas de sésamo y mézclalas con la mitad de la mezcla del nerimiso, dejando la otra salsa sin mezclar.

d) Corta cada pastel de tofu en cuatro rectángulos. Extienda el nerimiso en un lado de los trozos de tofu, luego use la salsa simple en la mitad de ellos y la salsa con sabor a sésamo en la otra mitad.

e) Ase a la parrilla hasta que estén doradas y crujientes por ambos lados sobre carbón.

74.   Brocheta de tofu y verduras

Tiempo total de preparación: 10 minutos

Tiempo total de cocción: 6 minutos

Rendimiento: 1 porción

Ingrediente

- 4 cebolletas

- 1 bloque de tofu firme, cortado en 3/4"

Mezcla de salmuera

- 2 cucharaditas de ajo

- 2 cucharadas de jengibre fresco

- 3 cucharadas de aceite de oliva o canola

- $\frac{1}{2}$ taza de salsa de soya

- 2 cucharadas de azúcar moreno

- 2 cucharaditas de aceite de sésamo tostado

- $\frac{1}{4}$ de cucharadita de Hojuelas de Chile Rojo

- ⅓lb. Hongos Cremini o Shiitake

- 1 pimiento rojo

- 1 cebolla roja o amarilla

Direcciones

a) Para preparar la salmuera, triture las cebolletas, el ajo y el jengibre en un procesador de alimentos o una batidora hasta que estén finamente picados.

b) Caliente el aceite de oliva en una plancha pequeña y saltee la mezcla de cebolletas durante uno o dos minutos. Llevar a ebullición, revolviendo la salsa de soya y el azúcar.

c) Retire del fuego y deje que se enfríe un poco antes de agregar el aceite de sésamo y las hojuelas de chile rojo.

d) Reduzca el fuego y vierta sobre los cubos de tofu, marinando durante al menos 1 hora y hasta 4 horas.

e) Brocheta de tofu marinado, champiñones, pimientos y cebollas.

f) Cepille las verduras con la salmuera restante y cocine a la parrilla hasta que estén crujientes y tiernas.

75.   Brochetas de tofu con especias indias

Tiempo total de preparación: 30 minutos

Tiempo total de cocción: 30 minutos

Rendimiento: 1 porción

Ingrediente

- 3 paquetes de tofu, cortado en cuadritos

- Jugo 2 limones

- Sal y pimienta

- 1 cebolla roja

- 2 cucharadas de cilantro picado

- 1 pepino pequeño; pelado

- 4 panes de pita

- 1 tarrina de yogur natural

- Aceite de cacahuete para freír

- 1 cucharada de semillas de cilantro

- 1 cucharada de semillas de comino

- 1 cucharada de pimentón

- 2 chiles rojos

- 1 trozo pequeño de jengibre

- 3 cucharadas de yogur

- 2 cucharadas de cúrcuma

- 1 cucharada de garam masala

Direcciones

a) En un molinillo de café, mezcle todas las especias hasta que estén finamente molidas. Agregue el yogur.

b) Sazone el tofu con sal y jugo de limón. Marinar durante al menos una hora en la mezcla de especias. Ensártalas en brochetas de bambú.

c) Pica finamente la cebolla roja y el pepino y combínalos con el cilantro. Sazone con sal y pimienta al gusto

d) Asa las pitas por ambos lados en una sartén a la parrilla.

e) En una pequeña cantidad de aceite de maní, dore las brochetas de tofu por todos lados.

f) Servir con yogur natural y pitas segmentadas. Rellene con un poco de la mezcla de cebolla roja, cubra con una brocheta de tofu y sirva.

76.   Pimientos rellenos de tofu a la parrilla

Tiempo total de preparación: 10 minutos

Tiempo total de cocción: 35 minutos

Rendimiento: 4 porciones

Ingrediente

- 4 pimientos verdes grandes
- 1 cebolla grande; cortado en cubitos
- 3 dientes de ajo; picado
- 12 onzas de tofu; desmoronado
- 2 cucharaditas de aceite de oliva; tal vez triplicado
- 8 onzas de champiñones segmentados
- 4 tomates romanos
- 1 cucharadita de mejorana fresca picada
- $\frac{1}{2}$ cucharadita de sal; o más al gusto
- 1 cucharadita de orégano fresco
- 1 cucharada de salsa de soja
- 14 onzas de tomates guisados
- 1 taza de arroz integral cocido
- $\frac{1}{2}$ taza de agua
- Pimienta negra recién molida
- Queso parmesano o crema agria para decorar

Direcciones

a) Calienta la parrilla a fuego medio-alto.

b) Ase los pimientos durante 5 minutos, volteándolos cada 2 minutos, hasta que estén ligeramente carbonizados pero no demasiado blandos.

c) Dore la cebolla, el ajo y el tofu en aceite de oliva en una plancha grande a la parrilla durante 4 a 5 minutos. Agregue los champiñones, 3 tomates Roma cortados en cubitos, la mejorana, la sal y el orégano a la sartén.

d) Mezcle la salsa de soya, los tomates y el arroz. Retire del fuego y revuelva para combinar. Vierta esta mezcla en cada pimiento, presionando suavemente hacia abajo con una cuchara para hacer espacio adicional para el relleno.

e) Rellene una cuarta parte del tomate Roma sobrante en la parte superior de cada pimiento. Coloque los pimientos en una fuente para hornear de 2 cuartos y cúbralos con la mezcla de tomate sobrante.

f) Cubra con papel aluminio y agregue el agua y la pimienta negra.

g) Coloque en la parrilla y cocine durante 20 a 25 minutos a fuego indirecto, o hasta que los pimientos estén tiernos pero no blandos.

h) Vierta la salsa restante sobre los pimientos y sirva.

SANDWICHES Y HAMBURGUESAS

77.   Hamburguesas de arroz con lentejas

Tiempo total: 40 minutos

Rendimiento: 8 porciones

Ingredientes

- $\frac{3}{4}$ taza de lentejas
- 1 camote
- 10 hojas de espinacas frescas; a 15
- 1 taza de champiñones frescos
- $\frac{3}{4}$ taza de pan rallado
- 1 cucharadita de estragón
- 1 cucharadita de ajo en polvo
- 1 cucharadita de perejil en hojuelas
- $\frac{3}{4}$ taza de arroz de grano largo

Direcciones

a) Cocine el arroz hasta que esté suave y ligeramente pegajoso, luego agregue las lentejas. Permita que se enfríe.

b) Picar una batata pelada cocida.

c) Cortar los champiñones finamente. Enjuague las hojas de espinaca y tritúrelas en trozos grandes. Combine todos los ingredientes y especias en un tazón, sazone con sal y pimienta al gusto.

d) Refrigere de 15 a 30 minutos. Forme empanadas y cocine en una barbacoa al aire libre con una parrilla de verduras.

e) Asegúrese de engrasar o rociar la sartén con Pam para evitar que las hamburguesas se peguen.

78.   Hamburguesa de aceitunas y frijol mungo

Tiempo total: 45 minutos

Rendimiento: 4 porciones

Ingredientes

- 1/2 taza de frijoles mung verdes, remojados y cocidos
- 1 cucharada de linaza dorada, molida
- $\frac{1}{2}$ taza de aceitunas Kalamata, finamente picadas
- $\frac{1}{2}$ taza de cebolla, finamente picada
- $\frac{1}{2}$ cucharadita de orégano seco
- $\frac{1}{4}$ de cucharadita de pimienta negra recién molida
- $\frac{1}{4}$-$\frac{1}{2}$ cucharadita de sal marina celta
- 1 cucharada de pasta de tomate orgánica
- 2 dientes de ajo, picados
- 1 cucharada de tomates orgánicos secados al sol en aceite, picados
- $\frac{1}{4}$ taza de perejil fresco, picado

Direcciones

a) Precaliente el horno a 375 grados Fahrenheit.

b) Combine la linaza y 3 cucharadas de agua en un tazón pequeño.

c) En un procesador de alimentos, haga puré los frijoles hasta que tengan una textura suave.

d) Colóquelo en un recipiente para mezclar de tamaño mediano. Se deben agregar aceitunas, cebolla, ajo, tomates secados al sol, perejil, especias y pasta de tomate. Combina todo a fondo. Ajusta la sal al gusto.

e) Agregue la mezcla de lino. Mezcla todo.

f) Forme de 4 a 6 hamburguesas y distribúyalas uniformemente en una plancha.

g) Cocine por 20 minutos, luego retírelo de la parrilla, voltee y cocine por 5-10 minutos más. Cuando las hamburguesas estén listas, deben dorarse suavemente.

79. Hamburguesa de frijoles negros con queso cheddar y cebollas

Tiempo total de preparación: 5 minutos

Tiempo Total: 10 minutos

Rendimiento: 6

Ingredientes

- 400 g de frijoles negros cocidos
- aceite de maní para freír
- 65 g de cebolla finamente picada
- 1 cucharadita de chile en polvo suave
- 1 cucharadita de pimentón ahumado
- 3 cucharadas de salsa barbacoa
- 50 g de nueces tostadas en seco
- 2 cucharadas de cilantro finamente picado
- 100 g de arroz negro hervido
- 25 g pan rallado panko
- sal marina
- cebollas caramelizadas
- 2 cebollas
- 2 cucharadas de mantequilla
- 1 cucharada de vinagre de vino tinto

Servir

- 120 g de queso cheddar

- 6 panes de hamburguesa, cortados por la mitad

- mantequilla para los bollos

- hojas de lechuga romana

Direcciones

a) Caliente una pequeña cantidad de aceite en una sartén y cocine las cebollas hasta que estén doradas.

b) Reduzca el fuego a bajo y mezcle el chile y el pimentón en polvo.

c) Retire la sartén del fuego y agregue la salsa BBQ.

d) Picar las nueces y combinarlas con las alubias, el cilantro, el arroz, el pan rallado panko y una pizca de sal en un recipiente para mezclar.

e) Agregue la mezcla de cebolla hasta que esté bien mezclado.

f) Forme 6 tortitas circulares con un puñado de la mezcla a la vez, luego envuélvalas con film transparente.

g) Refrigerar durante al menos una hora.

h) Ponga las cebollas en una olla fría después de pelarlas y picarlas. Ponga la mantequilla en la cacerola y póngala a fuego medio, luego cúbrala.

) Retire la tapa, vierta el vinagre, aumente el fuego y cocine, revolviendo ocasionalmente, durante unos 15 minutos o hasta que el líquido se haya reducido significativamente. Coloque a un lado.

j) Precaliente la parrilla a 350 grados Fahrenheit.

k) Ase las hamburguesas durante unos minutos por ambos lados, hasta que adquiera un buen color.

l) Coloque un par de rebanadas de queso encima de cada hamburguesa y cocine a la parrilla hasta que el queso se haya derretido.

m) Unte con mantequilla las superficies cortadas de los bollos y fríalos rápidamente en una parrilla.

n) En el fondo de cada pan, coloque una hamburguesa. Cubra con una hoja de lechuga y una cucharada grande de cebolla caramelizada.

80.   Hamburguesa de Aguacate a la Parrilla con Frijoles Marinados

Tiempo total: 10 minutos

Rendimiento: 6

Ingredientes

- 3-4 aguacates medianos
- Zumo de 1 lima
- aceite de oliva

frijoles marinados

- 200 g de frijoles negros cocidos
- 2-3 tomates ahumados
- 1 cebolleta, finamente picada
- 1 cucharadita de chile serrano finamente picado
- 1 cucharada de cilantro finamente picado
- 1 cucharadita de ajo finamente picado
- 1 cucharada de vinagre de vino blanco
- 2 cucharadas de aceite de oliva
- ralladura de 1 lima

Servir

- 6 panes de hamburguesa, cortados por la mitad
- mantequilla para los bollos
- 6 cucharadas de crema fresca

- perejil y cilantro

- pimienta de cayena

Direcciones

a) Preparar los Tomates Ahumados a la parrilla.

b) Mezclar los tomates picados ahumados con los demás ingredientes y las alubias marinadas.

c) Coloca las rodajas de aguacate en un plato y rocíalas con jugo de lima y aceite.

d) Asa las rodajas de aguacate rápidamente en la parrilla a fuego muy alto o usa un soplete para sellar la superficie.

e) Asa los bollos rápidamente en la barbacoa con mantequilla en la superficie cortada.

f) En cada bollo, extienda una cucharada grande de frijoles marinados. Luego cubra con 2 rodajas de aguacate, una cucharada de crema fresca y una pizca de perejil y cilantro.

g) Espolvorea con una pizca de pimienta de cayena para terminar.

81. Hamburguesa de quinoa y boniato

Tiempo total de preparación: 15 minutos

Tiempo total de cocción: 1 hora 10 minutos

Rendimiento: 6

Ingredientes

- 3 camotes medianos, horneados

- 2 huevos

- 1 taza de harina de garbanzos

- 1 cucharadita de chile en polvo

- 1 cucharada de mostaza Dijon integral

- 1 cucharada de mantequilla de nueces u otra mantequilla de nueces

- jugo de $\frac{1}{2}$ limón

- 1 pizca de sal marina

- 200 g de quinoa

- aceite de maní, para freír

- Crema agria de rábano picante

- 3 cucharadas de rábano picante finamente rallado

- $1\frac{1}{4}$ tazas de crema agria

- sal marina

Servir

- 6 panes de hamburguesa, cortados por la mitad

- mantequilla para los bollos

- chalotes asiáticos rojos en rodajas finas

- cebollín finamente picado

Direcciones

a) Parta las papas a lo largo y use una cuchara para raspar el interior.

b) Usando la hoja de un cuchillo, bata ligeramente los huevos en un procesador de alimentos. Mezcle las batatas, la harina de garbanzos, el chile en polvo, la mostaza, la mantequilla de nueces, el jugo de limón y la sal hasta que todo esté completamente mezclado. Agregue la quinoa y transfiérala a un tazón.

c) Forme 6 tortitas redondas con un puñado de la mezcla a la vez, ya sea con la mano o con un aro para alimentos. Cubra las empanadas con film transparente y déjelas a un lado.

d) En un tazón, combine el rábano picante y la crema agria. Sazone con sal al gusto y reserve.

e) Asa las tortitas durante unos minutos por ambos lados a fuego medio, hasta que hayan adquirido algo de color.

f) Unte con mantequilla las superficies cortadas de los bollos y áselos rápidamente.

g) Coloque una hamburguesa en el fondo de cada bollo y cubra con crema agria de rábano picante, chalotes y cebolletas.

82. Sándwiches a la parrilla Chile Relleno

Tiempo total: 30 minutos

Rendimiento: 4 porciones

Ingrediente

- lata de 4 onzas de chiles verdes enteros; agotado
- 8 gajos de pan blanco
- 4 segmentos Monterey Jack; 1 onza cada uno
- 4 segmentos de queso Cheddar; 1 onza cada uno
- 3 cucharadas de margarina o mantequilla; suavizado

Direcciones

a) Cubre 4 rebanadas de pan con 1 rebanada de queso Monterey Jack, rebanadas de chiles y queso Cheddar; Cubra con las rebanadas de pan restantes.

b) En el exterior de cada sándwich, unte la margarina.

c) Precaliente la plancha a fuego medio-alto o 375 grados Fahrenheit.

d) Cocine durante 2-4 minutos por cada lado, o hasta que el pan esté dorado y el queso se haya derretido.

83. Sándwich de parrilla de frutas de maní

Tiempo total de cocción: 3 minutos

Tiempo total de preparación: 1 min

Rendimiento: 1 porción

Ingredientes

- 12 gajos de pan blanco

- Manteca; suavizado

- $\frac{1}{2}$ taza de mantequilla de maní suave

- $\frac{1}{2}$ taza de piña triturada; bien drenado

- 1 taza de condimento de arándano y naranja

Direcciones

a) Unte con mantequilla el pan por ambos lados.

b) Unte la mantequilla de maní y la piña triturada de manera uniforme en 6 rebanadas de pan.

c) Agregue condimento de arándano y naranja a la mezcla de mantequilla de maní.

d) Cubra con las otras rebanadas de pan y cocine a la parrilla hasta que estén doradas por ambos lados.

e) Cortar en trozos y servir inmediatamente.

f) Sirva con palitos de apio y rizos de zanahoria como guarnición.

84.   Sándwich de queso a la parrilla vegano saludable

Tiempo total de preparación: 5 minutos

Tiempo total de cocción: 10 minutos

Rinde: 3 Sándwiches

Ingredientes

- 6 rebanadas de pan

- 1 aguacate, pelado, cortado en rodajas

- 1 calabacín, cortado en rodajas de $\frac{1}{2}$ pulgada de grosor a lo largo

- $\frac{1}{2}$ taza de espinacas frescas

- 4 onzas. tofu ahumado, rebanado

- 1 cebolla verde, picada

- 3 cucharadas de mayonesa de marañón

- 4-5 cucharadas de salsa de queso vegano

- Microgreens o brotes

Direcciones

a) En una sartén caliente, fríe las rodajas de calabacín y tofu durante 3 minutos, luego voltea y cocina durante otros 3 minutos. Colocar en un plato para enfriar.

b) Coloque los pedazos de pan uno al lado del otro y extienda una cucharada de mayonesa de marañón en cada una de las tres rebanadas inferiores.

c) Coloque las rodajas de tofu y calabacín a la parrilla dobladas una vez más, luego rocíe con aproximadamente 2 cucharaditas de la salsa de queso derretida.

d) Agregue espinacas frescas, cebolla verde y brotes a la parte superior, seguido de otra cucharada de salsa de queso y el aguacate en rodajas.

e) Cubrir con una rebanada de pan.

f) Caliente una sartén de hierro fundido a fuego medio antes de agregar los sándwiches.

g) Presione sus sándwiches de queso vegano durante unos segundos con una espátula, luego cubra con una tapa y cocine durante 3-4 minutos, o hasta que se forme una costra dorada.

85.　　Sándwiches de queso azul con nuez a la parrilla

Tiempo total de preparación: 5 minutos

Tiempo total de cocción: 10 minutos

Rendimiento: 1 porción

Ingrediente
- 1 taza de queso azul desmenuzado;
- $\frac{1}{2}$ taza de nueces tostadas finamente picadas
- 16 gajos Pan integral
- 16 ramitas de berros pequeños
- 6 cucharadas de mantequilla

Direcciones

a) Por igual, divide el queso y las nueces entre los 8 cuadrados de pan.

b) Cubra con 2 ramitas de berros cada una.

c) Sazone con pimienta y cubra con los pedazos de pan restantes, haciendo un total de 8 sándwiches.

d) En una sartén antiadherente grande, derrita 3 cucharadas de mantequilla.

e) Plancha los sándwiches durante 3 minutos por lado, o hasta que estén dorados y el queso se derrita. Transferir a la tabla de cortar.

f) Corta los sándwiches en diagonal. Transferir a platos para servir.

86. Manzana asada y queso

Tiempo total de preparación: 10 minutos

Tiempo total de cocción: 5 minutos

Rendimiento: 2 porciones

Ingrediente

- 1 manzana Red Delicious pequeña
- ½ taza de requesón bajo en grasa al 1%
- 3 cucharadas de cebolla morada picada finamente
- 2 panecillos ingleses de masa fermentada, partidos y tostados
- ¼ taza de queso azul desmenuzado

Direcciones

a) En un tazón pequeño, combine el requesón y la cebolla y revuelva bien.

b) En cada medio panecillo, extienda aproximadamente 2 cucharaditas de la mezcla de requesón.

c) Coloca 1 aro de manzana encima de cada molde para panecillos; igualmente, espolvorea queso azul desmenuzado sobre los aros de manzana.

d) Coloque en una bandeja para hornear y cocine a la parrilla durante 1 a 12 minutos, o hasta que el queso azul se derrita, a 3 pulgadas de la llama.

87. Delicia de queso a la plancha

Tiempo total de preparación: 5 minutos

Tiempo total de cocción: 5 minutos

Rendimiento: 1 porción

Ingrediente

- Pan de 6 gajos

- 3 gajos gruesos de queso

- $\frac{1}{2}$ cucharadita de chile rojo molido

- Sal al gusto

- gota de mantequilla

Direcciones

a) Coloque el queso en tres segmentos de pan.
b) Extienda el chile encima y cubra con la segunda rebanada de pan.
c) Ase a la parrilla sobre brasas

POSTRES

88.   Tortitas de patata a la parrilla

Tiempo total de cocción: 10 minutos

Tiempo Total: 20 Minutos

Rendimiento: 100 porciones

Ingrediente

- 2 galones de agua; hirviendo
- $1\frac{1}{2}$ taza de mantequilla
- 12 huevos
- $2\frac{1}{2}$ taza de leche
- $3\frac{1}{4}$ cuarto de patata
- 1 libra de harina
- 2 cucharadas de sal

Direcciones

a) Combina las papas y la leche. colocar a un lado

b) En un tazón, combine el agua, la mantequilla o margarina, la sal y la pimienta.

c) Usando un batidor de alambre, agregue inmediatamente la combinación de papa y leche al líquido a baja velocidad; mezclar durante 12 minutos.

d) Mezcle los huevos, batiendo a una velocidad moderada.

e) Reboza las tortas en harina para todo uso tamizada.

f) Ase a la parrilla de 3 a 4 minutos por lado en una plancha bien engrasada a 375 °F, o hasta que estén doradas.

89. Tortitas de arroz a la parrilla

Tiempo total de cocción: 12 minutos

Rendimiento: 4 porciones

Ingrediente

- $2\frac{1}{2}$ taza de agua
- Sal
- $1\frac{1}{2}$ taza de arroz de grano corto
- 1 cucharada de vinagre de arroz sazonado o vinagre de jerez

Direcciones

a) Cocine el arroz a fuego lento durante 18 minutos, o hasta que el arroz haya absorbido todo el líquido.

b) Cuando el arroz esté listo, retíralo del fuego y agrega el vinagre de arroz. Permita que se enfríe.

c) Llene un molde para pastel cuadrado o redondo de 9 pulgadas ligeramente engrasado hasta la mitad con la mezcla de arroz. Presione el arroz de manera uniforme en la sartén con las palmas de las manos húmedas o ligeramente engrasadas. Refrigere hasta que esté duro.

d) Prepara la parrilla.

e) Corta el conjunto de arroz en 12 formas uniformes usando una tabla para cortar.

f) Cepille la parrilla ligeramente con aceite antes de agregar las tortas de arroz.

g) Cocine durante 1 a 2 minutos hasta que estén bien coloreados, luego voltee y cocine a la parrilla durante otros 1 a 2 minutos. Sirva de inmediato.

90.   Tarta de durazno

Tiempo total de preparación: 10 minutos

Tiempo total de cocción: 15 minutos

Rendimiento: 9 porciones

Ingredientes

- 2 cucharadas de miel
- 1 cucharada de mantequilla, derretida
- 1/4 cucharadita de canela
- 2 plátanos medianos maduros
- 2 melocotones maduros medianos
- 1/2 de bizcocho de 11 onzas, cortado en segmentos de 3/4 de pulgada
- 1/2 de 8 onzas de látigo frío, descongelado
- 1/4 cucharadita de canela
- Pizca de nuez moscada

Direcciones

a) En un recipiente pequeño, combine la miel, la mantequilla derretida y 1/4 de cucharadita de canela.

b) Cocine durante 8-10 minutos en una parrilla a fuego medio, revolviendo con frecuencia.

c) Vierta fruta caliente sobre el pastel.

d) Mezcle los tres ingredientes restantes y cubra con una cuchara.

91. Crujiente de albaricoque a la parrilla de Hayes Street

Tiempo total de preparación: 20 minutos

Tiempo total de cocción: 40 minutos

Rendimiento: 4 porciones

Ingrediente

- 8 cucharadas de mantequilla sin sal, cortada en trozos pequeños

- 4 tazas de mitades de albaricoque sin hueso

- Jugo de 1 limón

- 2 a 8 cucharadas de azúcar granulada, al gusto

- 1 taza de harina para todo uso

- 1 taza de azúcar morena clara, envasada

- pizca de sal

- 1 cucharadita de canela molida

- Crema batida suave, crème fraiche o helado de vainilla

Direcciones

a) Precaliente la parrilla a 375 grados Fahrenheit.

b) Engrase ligeramente un molde para pastel de 9 pulgadas o una fuente para hornear redonda y poco profunda.

c) Combine la fruta con jugo de limón y azúcar granulada. Llena una fuente para horno con la mezcla.

d) En un tazón, combine la harina, la mantequilla restante, el azúcar moreno, la sal y la canela. Frote la mezcla con las yemas de los dedos hasta que se desmorone. salpicar a través de la fruta

e) Ase a la parrilla durante 35 a 45 minutos, hasta que la fruta burbujee alrededor de los bordes y se dore por encima.

f) Deje que se enfríe un poco antes de servir con crema batida, crème fraiche o helado.

92.   tarta de berenjenas a la parrilla

Tiempo total de preparación: 20 minutos

Tiempo total de cocción: 1 hora 45 minutos

Tiempo de enfriamiento: 1 hora 10 minutos

Rendimiento: 8 porciones

Ingrediente

- Spray para cocinar

- 1 berenjena grande; pelado y segmentado

- 6 papas grandes; pelado y segmentado

- 6 champiñones Portabella grandes

- Aceite de oliva para pincelar

- 1 cucharada de aceite de oliva; para pan rallado

- Sal y pimienta

- $\frac{1}{4}$ taza de perejil; cortado en cubitos

- $\frac{1}{4}$ taza de albahaca; juliana

- $\frac{3}{4}$ taza de queso parmesano fresco rallado; o pecorino romano

- 1 taza de pan rallado fresco

- 1 cucharada de aceite de oliva

- 1 cebolla pequeña; picado

- 1 tallo de apio; picado

- 4 tomates grandes; sin semillas y picado en cubos gruesos

- $\frac{1}{2}$ taza de zanahorias ralladas

- 1 cucharadita de tomillo fresco; o 1/2 cucharadita de tomillo seco

- 1 cucharadita de jugo de limón fresco

- 2 cucharaditas de perejil fresco; cortado en cubitos

Direcciones

a) Para preparar el condimento, caliente el aceite en una olla mediana no reactiva. Agregue la cebolla y el apio y cocine por 3 minutos a fuego medio. Agregue los tomates, las zanahorias, el tomillo y sazone al gusto con sal y pimienta.

b) Cocine el condimento suavemente hasta que el líquido se haya evaporado en su mayor parte. Batir el perejil y el jugo de limón.

c) Rocíe bien la rejilla de la parrilla.

d) Precaliente la parrilla a fuego medio-alto.

e) Unte las berenjenas, las patatas y los champiñones con aceite de oliva y sazone con sal y pimienta por ambos lados.

f) Cubra un molde para pastel o tarta de 9 pulgadas con aceite en aerosol.

g) Asa todas las verduras hasta que estén bien doradas y cocidas por ambos lados.

h) Coloca capas de berenjena, papa y champiñones en el molde para pastel o tarta. Espolvorea un poco de perejil, albahaca y queso rallado entre cada capa de vegetales.

i) Caliente las 3 cucharadas de aceite de oliva en una plancha pequeña a fuego moderado-alto hasta que esté caliente. Saltee las migas de pan hasta que estén doradas. Se debe espolvorear pan rallado sobre la tarta.

j) Sirva con un pequeño charco de condimento de tomate debajo de cada gajo de inmediato.

93. Sundaes de ron a la parrilla

Tiempo total de preparación: 15 minutos

Tiempo total de cocción: 8 minutos

Rendimiento: 4 porciones

Ingrediente

- ⅓ taza más 1 cucharada de jarabe de arce
- $1\frac{1}{2}$ cucharada de ron oscuro
- 1 cucharada de mantequilla sin sal derretida
- 4 plátanos; maduro pero firme
- 1 pinta de yogur helado de vainilla bajo en grasa
- $\frac{1}{8}$ de cucharadita de nuez moscada recién molida

Direcciones

a) Prepara una barbacoa.

b) Mezcla el jarabe de arce y el ron en una cacerola pequeña. Agregue la mantequilla derretida.

c) Cepille o frote la mezcla de jarabe de arce y mantequilla sobre los plátanos.

d) Asa las bananas durante 3 a 5 minutos, volteándolas una o dos veces con una espátula, hasta que estén ligeramente doradas y blandas pero no blandas.

e) En una cacerola pequeña colocada cerca de las brasas, caliente la mezcla restante de jarabe de arce y ron mientras se asan los plátanos.

f) Llene los tazones de postre hasta la mitad con yogur helado. Coloque las mitades de plátano en cuartos encima del yogur helado.

g) Vierta la salsa picante encima de ellos.

94.   Plátanos a la plancha con helado

Tiempo total de preparación: 25 minutos

Rendimiento: 1 porción

Tiempo total de cocción: 4 minutos

Ingrediente

- 2 plátanos maduros firmes
- $\frac{1}{4}$ de barra de mantequilla sin sal, derretida y enfriada
- 3 cucharadas de azúcar moreno
- $\frac{1}{4}$ de libra de chocolate, cortado en cubitos
- $\frac{1}{2}$ cucharadita de canela
- Helado de vainilla

Direcciones

a) Precalentar una parrilla.

b) Corta los plátanos por la mitad a lo largo después de pelarlos.

c) Mezcle la mantequilla y el azúcar moreno en un molde para hornear poco profundo, luego agregue los plátanos y mezcle suavemente para cubrir.

d) Con una espátula de metal, transfiera los plátanos a una sartén aceitada y caliente hasta que estén dorados y bien cocidos, aproximadamente 2 minutos por lado.

e) En una cacerola pesada, derrita el chocolate cortado en cubitos y la canela a fuego lento, revolviendo constantemente.

f) Sirva los plátanos con helado y salsa de chocolate, como en un banana split.

95.   Peras escalfadas y asadas

Tiempo total de preparación: 5 minutos

Tiempo total de cocción: 10 minutos

Rinde 4 porciones

Ingredientes

- 11/2 tazas de jugo de arándano
- 1 taza de azúcar
- 2 cucharaditas de extracto puro de vainilla
- 2 peras
- 2 bolas de helado vegano de vainilla
- Salsa de chocolate
- ramitas de menta, para decorar

Direcciones

a) Precaliente la parrilla a 400 grados Fahrenheit.

b) A fuego medio, combine el jugo de arándano y el azúcar en una cacerola grande. Hervir durante otros 8 minutos, luego retirar del fuego y mezclar con el extracto de vainilla.

c) Con un sacabolas de melón, quite el corazón de las peras y colóquelas en la bandeja Ready. Gire las peras en el jarabe de arándano para cubrirlas.

d) Ase a la parrilla durante 30 minutos, o hasta que estén tiernos pero sin desmoronarse.

e) Retire de la parrilla y deje enfriar a temperatura ambiente.

f) Coloque 2 mitades de pera en cada uno de los 4 platos de postre enfriados cuando esté listo para servir, con una cucharada de sirope residual sobre las peras.

g) Coloque una bola de helado en cada plato.

96.   Melba de melocotón a la parrilla

Tiempo total de preparación: 20 min

Tiempo total de cocción: 15 min

Rinde 4 porciones

Ingredientes

- 2 tazas de agua
- durazno maduro
- 11/2 tazas de azúcar
- 2 cucharadas más 1 cucharadita de jugo de limón
- 1 taza de frambuesas frescas
- 2 bolas de helado vegano de vainilla
- 1 cucharada de almendras tostadas segmentadas

Direcciones

a) Hierva el agua en una cacerola grande a fuego alto, luego agregue el melocotón. Reduzca el fuego a medio después de 30 segundos, luego saque los duraznos.

b) Agregue 1 taza de azúcar y 2 cucharadas de jugo de limón al agua caliente y revuelva para disolver el azúcar.

c) Pelar el melocotón y quitarle la piel y cocerlo durante otros 8 minutos en el agua hirviendo. Escurrir, luego deshuesar y cortar los melocotones. Coloque a un lado.

d) Combine las frambuesas y el azúcar restante en una cacerola pequeña y caliente a fuego medio. Aplasta las bayas con el dorso de una cuchara y remueve para disolver el azúcar.

e) Presione las bayas a través de un tamiz fino en un plato. Mezcle con la 1 cucharadita restante de jugo de limón.

f) Sirva el helado vegano en tazones de postre transparentes y adorne con los gajos de melocotón.

g) Sirva con un chorrito de salsa de frambuesa y una pizca de almendras.

97. Plato de frutas con sabores asiáticos

Tiempo total de preparación: 12 minutos

Tiempo total de cocción: 6 minutos

Rendimiento de 4 a 6 porciones

Ingredientes

- Lata de 8 onzas de lichis, envasados en almíbar
- Zumo de 1 lima
- 1 cucharadita de ralladura de lima
- 2 cucharaditas de azúcar
- $1/4$ taza de agua
- 1 mango maduro, pelado, sin hueso y cortado en dados de 1/2 pulgada
- 1 pera asiática, sin corazón y cortada en dados de 1/2 pulgada
- 2 plátanos, pelados y cortados en segmentos de 1/4 de pulgada
- 1 kiwi, pelado y cortado en segmentos de 1/4 de pulgada
- 1 cucharada de cacahuetes tostados sin sal triturados

Direcciones

a) Ponga el jarabe de lichi en una cacerola pequeña.

b) Calentar el almíbar de lichi con el jugo y la ralladura de lima, así como el azúcar y el agua, a fuego lento hasta que se disuelva el azúcar. Llevar a ebullición, luego retirar del fuego. Permita que se enfríe.

c) Agregue el mango, la pera, los plátanos y el kiwi al plato que contiene los lichis.

d) Servir con un chorrito del almíbar guardado y un puñado de cacahuetes.

98. Crepas Heladas

Tiempo Total: 10 Minutos

Rinde 4 porciones

Ingredientes

- 11/2 pintas de helado vegano de vainilla, suavizado
- Crepas Veganas de Postre
- 2 cucharadas de margarina vegana
- $1/4$ azúcar glas
- $1/4$ taza de jugo de naranja fresco
- 1 cucharada de jugo de limón fresco
- $1/4$ taza de Grand Marnier u otro licor con sabor a naranja

Direcciones

a) Coloque un cuarto de helado de extremo a extremo en un trozo de envoltura de plástico, envuélvalo y enróllelo con las manos hasta formar un tronco.

b) Cada uno de los troncos de helado debe enrollarse en una crepe.

c) Después de rellenar las crêpes, colócalas en el congelador durante 30 minutos para que se endurezcan.

d) Derrita la margarina en una plancha pequeña a fuego medio. Vierta el azúcar. Agregue el jugo de naranja, el jugo de limón y el Grand Marnier.

e) Ase a la parrilla durante unos 2 minutos, o hasta que la mayor parte del alcohol se haya evaporado.

f) Para servir, coloque las crepas rellenas en platos de postre y rocíelas con un poco de salsa de naranja.

99. Gratinado De Nueces Y Peras

Tiempo total de preparación: 10 minutos
Tiempo total de cocción: 45 minutos
Rendimiento de 4 a 6 porciones

Ingredientes

- peras maduras frescas, peladas y sin corazón
- $1/2$ taza de arándanos secos endulzados
- $1/2$ taza de azúcar
- $1/2$ cucharadita de jengibre molido
- 1 cucharada de maicena
- $1/4$ taza de leche de soja natural o de vainilla
- $2/3$ taza de nueces picadas en cubos gruesos
- $1/4$ taza de margarina vegana

Direcciones

a) Precaliente la parrilla a 400 grados Fahrenheit.
b) Engrasar ligeramente una fuente para gratinar.
c) Extienda las peras en el plato Listo.
d) Mezcle los arándanos, el azúcar, el jengibre y la maicena.
e) Agregue la leche de soya, rocíe con margarina y espolvoree con nueces.
f) Ase a la parrilla durante 20 minutos, o hasta que la fruta burbujee en el medio.

100.   Crema pastelera de chiles tostados

Tiempo total de preparación: 10 minutos
Tiempo total de cocción: 3 horas

Rendimiento: 4 porciones

Ingrediente

- 2 huevos grandes

- 2 yemas de huevo grandes

- ⅓ taza de Azúcar Morena

- 2 cucharadas de azúcar moreno

- ¼ de cucharadita de sal

- 2 tazas de crema espesa

- ¼ cucharadita de vainilla

- 2 cucharaditas de chile de árbol, tostado en polvo

Direcciones

a) Precaliente la parrilla a 300°F.
b) Batir el huevo, las yemas de huevo, el azúcar moreno y la sal.
c) Calienta la crema y la vainilla en una cacerola a fuego medio; alejar del calor; mezcle la mezcla de huevo hasta que quede suave; regrese a la crema en una cacerola y cocine a fuego lento hasta que la crema cubra el dorso de una cuchara; alejar del calor.
d) Rellene los moldes con crema pastelera; colocar en la sartén y colocar la sartén en la parrilla.

e) Llene con suficiente agua para llegar a 2/3 de los bordes de los moldes; asar hasta que cuaje durante unas 3 horas.

f) Para servir, espolvoree chile en polvo sobre cada flan, luego cubra con azúcar morena tamizada y cocine a la parrilla hasta que el azúcar se derrita pero no se dore.

CONCLUSIÓN

¡Es temporada de parrilladas! La parrilla brinda un sabor crujiente y ahumado irresistible a todo lo que toca. Y no lo relegues solo a hamburguesas o costillas. ¡Haz tu guarnición al mismo tiempo con estas mejores verduras a la parrilla! Esta mezcla de verduras es deliciosa, colorida y lo mejor de todo: todas se cocinan aproximadamente al mismo ritmo. Combínalos con una mezcla rápida de balsámico, aceite de oliva y un toque de romero, y no podrás dejar de comerlos.

CPSIA information can be obtained
at www.ICGtesting.com
Printed in the USA
LVHW080618170622
721514LV00003B/31

9 781804 658277